U1076422

改变，从阅读开始

漢唐陽光 · HTYG

司母戊鼎还有多少待解之谜

李维明 著

四川人民出版社

1939 年出土于河南安阳武官村的商代青铜大鼎，因时代久远、体量宏大、纹饰繁缛在学界享有“青铜时代第一鼎”“中华第一大鼎”“中国第一大鼎”等盛誉。

目录

前　言

2010–2011 年中国国家博物馆将馆藏司母戊鼎更名为“后母戊鼎”，这一更名现象不仅引起社会较为强烈的反响，也促使笔者从 2012 年开始专注于这件商代最大的青铜鼎研究。经过四年多的学习，笔者对该鼎出土流传、纹饰寓意、铭文释读、铸造场景、简要学术史、更名现象等问题有了初步的认识。将这些阶段性认识结集就产生了这部学术专著。

由于学界对这件商代青铜大鼎铭文释读持续研讨并存有多种不同称名方案，故本书沿用以往广为社会熟知的“司母戊鼎”称名作为这件大鼎的指代符号。

司母戊鼎还有多少待解之谜

现收藏并陈列于中国国家博物馆的司母戊鼎（图一，本书中或简称“大鼎”），以历史久远、造型古朴、体量超群闻名于世。然而当人们走近这件享有盛誉的国宝，却感到对其知之

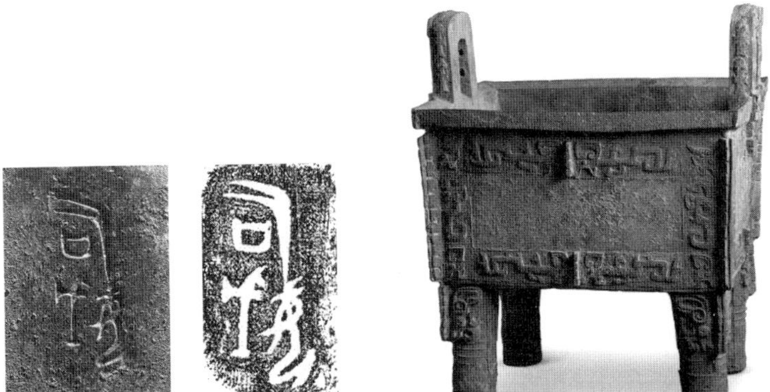

图一　司母戊鼎及腹内铭文

（鼎体及铭文采自《中华文明——〈古代中国陈列〉文物精萃》2010 年，拓本采自《申报》，1946 年）

甚少，疑惑因此而生。司母戊鼎涉及历史、考古、文字、冶金等多学科知识，给世人留下许多待解之谜。

一、基本信息

每一件文物都有包括称名、时代、质地、体量、造型特征、来源等代表性元素，以区别于其他文物。这些代表性的元素是人们了解文物的基本信息。迄今所见，有关司母戊鼎基本信息介绍中存有如下差异：

1. **称名**。"司母戊鼎"这一称名广为社会熟知，但在一些介绍材料中称之为"后母戊鼎"。如今，在不同的博物馆展陈介绍中也出现同一件大鼎称名有别的现象。那么，哪一个称名更为合适，有无可能统一认识？这是一个需要探讨的问题。

2. **尺寸**。目前所见有关司母戊鼎尺寸版本较多且存在明显差异，比如：高（通耳计），最大数据 137 厘米，最小数据 113 厘米；长，最大数据 166 厘米，最小数据 106 厘米；宽，最大数据 79.4 厘米，最小数据 71 厘米。问题是，哪一个数据更符合实际呢？（按：明显有误的数据未计入）

3. **重量**。目前可见有关司母戊鼎重量的数据也存在明显差异，最大数据 2000 余斤，最小数据 700 公斤。造成这样差别的原因是什么？ 20 世纪 90 年代测定的 832.84 公斤较先前的 875

公斤（稍低）因何减重 42.16 公斤？ 832.84 公斤是否就是比较符合实际的数据？

二、学术研讨

有关司母戊鼎的学术研究主要涉及铭文释读、分期编年、铸造工艺等内容，认识均存有分歧。

1. 铭文释读。大鼎内壁铸有铭文，学者对铭文字数、字义的认识均存异议：

字数不同，或释为三个字，如“后妻戊”“后戊妻”“后母戊”“母后戊”“司母戊”等；或释为两个字，如“后戊”“姤戊”“娰戊”等。

字义不同，最上一字，有学者释“后”，为“王后”意；有学者释“司”，作“祭祀”意。

右下方一字，或释为“母”，“母亲”意；或释为“女”，作为偏旁与最上一字合为“姤”或“娰”字。

左下方一字释“戊”。由“戊”涉及商代祭祀制度、受祭者和作器者等问题。

2. 分期编年。安阳殷墟商文化分期编年证实这是一件商代晚期的青铜器，随着殷墟考古材料不断地补充和丰富，学者对司母戊鼎在殷墟文化编年位置的认识进一步细化，先后有属殷墟文化三期或殷墟文化二期的不同认识。

其中殷墟文化二期说的一个论据是殷墟五号墓出土的“司母辛鼎”可与“司母戊鼎”类比。由此引出的问题是，殷墟五号墓也存在分属殷墟文化三期或殷墟文化二期的不同认识，而且“司母辛鼎”与“司母戊鼎”类比有无差别，这些都是需要探究的问题。

3. 铸造工艺。有关司母戊鼎金属结构和浇铸工艺研究成果，在模范数量、浇铸设施上存有不同认识。

自 20 世纪 50 年代以来，学者通过目验观察和采用 X 光探测技术，对司母戊鼎体、耳模范数量进行估计，推测最多不多于 52 块，最少不少于 20 块。那么，铸造这样的大鼎，到底需要拼合多少块范才能浇铸生产呢？

对于使用什么样的浇铸工具或设施铸造像司母戊鼎这样的青铜重器，学者根据殷墟考古发现先后提出两种认识。

安阳考古出土一种粗砂质、厚胎，造型有点类似古代将军所戴头盔形状的陶器，有的内壁残留有铜渣遗痕。考古工作者推测其可能是熔炼铜液的容具，用于浇铸铜器，称其为坩埚（俗称“将军盔”）。由于这种坩埚可熔铜约 12.5 公斤，据此推测铸造 800 余公斤的司母戊鼎需用数十个坩埚，通过组织协作浇铸完成。

有学者指出，浇铸司母戊鼎需要熔炼上千公斤铜液，而以坩埚这样的容积难以保障浇铸的连贯性。有没有可能使用容积更大的熔铜设施？殷墟考古发现有熔铜炉残块和铸铜工坊遗迹，于是有了使用熔炉浇铸的推测。

有学者通过观察，注意到司母戊鼎一侧存有长约 40 厘米、宽约 25 厘米的不规则三角形补痕，相应内壁也有类似的裂痕。是什么原因造成这样的痕迹？

通过 X 光透视发现，司母戊鼎足内为有间隔两段的空腔结构，其下部空腔内保留有铸造范芯土。这一不见于商代其他空腔式鼎足的工艺，解决了司母戊鼎本身的哪些问题？在商代铸造工艺上有什么意义？

有学者依据安阳殷墟考古发现超出司母戊鼎长宽尺寸的范座，推定司母戊鼎并非商代青铜器最大者，以此对其作为商代最大青铜器的地位提出质疑。

三、收藏存疑

1946 年，安阳县府侦知大鼎埋藏地点并将其收归国有。此后，随收藏单位的变换，大鼎先后辗转于三地。

1. 安阳，县古物保存委员会收藏（1946 年）

20 世纪 40 年代，大鼎被收归国有之初，因国内战争局势动荡而致交接收藏事迹不详。需要分辨的问题有：

埋藏地点的获悉来源，有吴玉瑶报告，汉奸献出，安阳专员赵质臣侦悉，安阳县参议员、古物保存委员会主任陈子明侦悉等不同说法；

起获时间，有 7 月、6 月两说；

起获地点，有吴玉瑶家花园、吴培文家中地下两说。

2. 南京，中央博物院筹备处、南京博物院收藏（1946–1959 年）

20 世纪 40 年代至 50 年代，中央博物院筹备处、南京博物院收藏期间，有关材料记载十分简略。需要分辨的问题有：

谁为献鼎者？ 1946 年 10 月，时逢国民党主席蒋介石六十寿辰，大鼎被作为寿礼从安阳运抵南京。献鼎者有驻安阳军事当局总司令王仲廉、安阳赵专员、河南省主席等不同说法。

1949 年，随着国民党政权向台湾迁移，大批文物也被运往台湾。因此，作为青铜重器的司母戊鼎因何未能运往台湾，遂成为一个值得探究的问题。

司母戊鼎留存南京时间虽短，但在南京取得了尺寸与重量等基本信息，修复了断、失的双耳。由于材料记载不同，出现了中央博物院筹备处、南京博物院孰复制所失一耳的问题。

3. 北京，中国历史博物馆、中国国家博物馆收藏（1959 年至今）

1959 年，司母戊鼎作为“中国通史陈列”中的重要展品，从南京博物院调（或曰借）入正在筹建中的中国历史博物馆。有材料披露，展览过程中曾经有过用复制品替代真品展出的情况。不知此说是否属实？如是，其历史背景如何？

四、出土传说

有关司母戊鼎出土的故事在相当一部分材料中有所记述，有些具体情节描写较为细致。由此可知，司母戊鼎是河南安阳武官村村民在日军侵华期间，安阳成为沦陷区这样的历史背景下挖出来的，因日伪追索，复埋藏于地下。这大约是 70 余年前的往事。

由于大鼎最初出土时遭遇战乱与盗掘的历史背景，致其出土事迹失于时录，今天所见相关报道均为追记，翔实程度不一，为这段学术史留下诸多的问题：

1. 发现，有农民耕地时发现，吴希增探出，吴玉瑶打井发现，吴希增、吴培文修祖坟发现等不同说法。哪种说法为是？

2. 地点，有《申报》特派员实地采访所获信息的武官村南和当年参与挖掘的老农指认的武官村北两说。哪一地点准确？

由此引出的问题是，传出司母戊鼎的 84AWBM260 墓，面积在殷墟王陵区诸大墓中排序约在第 11 位。其等级不仅低于四条墓道大墓，也低于部分两条墓道的“中”字形大墓。由此判断，像司母戊这样的大鼎，似乎与 84AWBM260 墓所居等级不甚相称。在王陵区诸墓分期内涵尚在探讨，又无确证显示 84AWBM260 墓出土司母戊鼎的情况下，大鼎有无可能出自其他大墓（尤其是四条墓道的大墓）？

3. 时间，一般私自挖掘古物多选择在夜深之时。追记材料显示，大鼎最初的挖掘也是如此。不同材料显示挖掘时间所属年、月、日有所不同，可见中华民国28年（1939年）春，3月、3月初、3月中旬、3月4日、3月18日至19日、3月25日，也见1938年说。在时隔70余年后，能否将时间确定到具体的日？

4. 人物，有吴玉瑶、吴希增、吴培文等40余人先后参与掘获等不同说法。这些当事人在大鼎发现、出土和保存的过程中，都起了哪些作用？这是有关这件大鼎的学术史需要甄明的问题。

5. 状况，主要是出土时双耳是否齐全的问题。

相关材料显示，大鼎1946年被收归国有时，双耳均脱落并缺失一耳。缺耳的原因有出土缺耳、出土损耳、锤击断耳、分解锯耳等不同说法。到底哪一种说法符合实际？

因此，对于这样一件享有盛名的商代大鼎，学人应给予更多的关注和研究，以深入解读这件国宝蕴含的历史信息。

司母戊鼎略说

虽然有关司母戊鼎的介绍材料较多，但在涉及出土时间、地点、当事人物、完残状况、流传、器物时代、称名、受祭与作器者，以及铸造工艺等信息时存有差异。对此，笔者试作梳理分析，以求对相关信息作出判断。

一、材料分析

迄今见于书籍、报刊有关司母戊鼎的报道材料数以百计，分为时事报道、学术研究、采访纪实、知识介绍、文艺作品等不同题材。除去文艺作品，分析显示材料具有等次性和层累现象。

1. 等次性。依材料出现时间和题材分三类：

甲类，时事与研究。这类材料出现较早，内容简约。依报道时间与事件发生时间的共时性差异，分两型。

A型，报道时间与事迹大致共时。以1946年7月至10月出版的《中央日报》《申报》《大公报》等材料为代表，《中州今古》刊载20世纪40年代大鼎照片及展览说明词亦归本型。显示1946年司母戊鼎出土时间、当事人、称名、时代、尺寸、重量、铭文释读，被安阳县府收归国有，辗转南京等信息。

B型，报道时间与事迹时隔数年。如1946年7月至10月《中央日报》《申报》《大公报》刊文披露有关1939年大鼎出土时间、地点、当事人、日伪搜寻、复埋于地下等信息。

乙类，知识介绍。依信息载体性质分两型。

A型，学术书刊。见于20世纪50年代出版的考古报告[1]和学术论著[2]。较甲类材料增加村民尝试分解大鼎未果，新的尺寸、重量数据等信息。

B型，科普书籍。见于20世纪70年代出版的中学教材[3]和工具书[4]。

丙类，采访叙事。依发表时间和内容分两型。

A型，见于20世纪80年代报纸杂志，以20世纪80年代《中州今古》刊文[5]为代表。公布时间距事件最初发生时隔40余年，叙事情节较甲类、乙类A型材料丰富。在大鼎发现与出土，古董商利诱分解，日军数次搜寻，村民反复转移埋藏地点，安阳县府侦知、收归国有等方面增加了一些具体情节和人物。

B 型，见于 20 世纪 90 年代以来书刊报纸，如《东方今报》《河南日报》《中国文物科学》，以及图录、收藏鉴赏、国宝档案、文物故事等处。内容虽较 A 型有所增补，但主要内容与之大体相近。

本类材料因叙事情节连贯、语言通俗生动而影响较大。

笔者据公布时间初始性不同将各类型材料分三等：

一等，最早出现于 20 世纪 40 年代的甲类材料。属于这一等次材料虽然较少，内容简约，但因公布时间与事件发生时间相近，史料参考价值相对较高。

二等，出现于 20 世纪 50 年代的乙类 A 型和出现于 20 世纪 80 年代的丙类 A 型材料。属于这一等次材料因据部分当事人回忆整理形成，具有一定的参考价值。由于这一等次材料公布时间与所记事件发生时间有较长的间隔，被采访者只是部分当事人且讲述事迹经后人整理增补，虽记录内容趋于详细，但难免出现衍变。

三等，20 世纪 70 年代出现的乙类 B 型材料和 20 世纪 90 年代以来出现的丙类 B 型材料。乙类 B 型材料一般为概括表述，其严肃性和权威性取决于编写者对于相关材料的掌握和研究程度及其学术水准和学术态度。由于没有论据与论证配合，不宜视为定论。丙类 B 型材料主要以丙类 A 型材料为模本，增补一些细节内容，其中存有演义现象。

上述三等材料，以一等材料史料参考价值相对较高，二等材料具有一定的参考作用，三等材料只能用作一般信息了解。对这些材料不能不加区分地随意使用。

2. 层累现象。有关司母戊鼎最初出土的传说，早期相关信息简略，时间愈晚，情节愈趋于详细，这就是古史辨所谓“层累”现象。

20 世纪 40 年代。1946 年 7 月，安阳县府在安阳武官村起获大鼎，交由安阳县古物保存委员会保管，陈放在萧曹庙[6]供各界参观。因此有了大鼎的现状和侦悉并组织起获大鼎的时任安阳县县长的姚法圃，安阳县古物保存委员会主任陈子明，透露大鼎埋藏地点的村民吴玉瑶、吴延年，实地采访的《申报》特派员邵慎之，接收大鼎并运往南京的安阳驻军指挥官王仲廉等人物信息。

从此，有了关于大鼎最初出土情况的追记，涉及时间、地点、掘获人和日伪逼诱等信息。概括为，中华民国 28 年（1939 年）3 月 4 日或 25 日，河南省安阳县西北乡武官村村民在吴培文地中发现大鼎，在起获过程中不慎将双耳断损，出土后由吴玉瑶保存。日伪安阳县县长杨隆准的顾问井东三郎闻讯后，通过宪兵队对吴玉瑶刑讯逼供，后安阳飞机场警备队长黑田荣次改用利诱的方法，企图用伪币千万元收购，安排吴玉瑶的侄子吴延年任伪职。然终未得逞。

20世纪50年代至60年代。有关司母戊鼎信息见于报纸及学术杂志，除补充大鼎尺寸、重量等信息外，追记大鼎最初出土后，当地村民试图使用锯、锤等工具将其分解外运的情况。与20世纪40年代的报道不同的是，出现大鼎出自吴玉瑶田中，日寇在搜寻时欲用70万元（伪币）收购，1946年再次出土时间为6月等不同说法。

20世纪70年代至80年代。有关司母戊鼎信息报道趋于详细，除继续补充大鼎尺寸、重量、结构、照片等新信息外，有关大鼎最初出土情节追记中出现吴希增（或写作贞）探出说，先后有20至40余人参与挖掘，区公所用两个排的兵力保护挖掘现场，古董商萧寅卿[7]以20万大洋唆使村民分解大鼎，吴培文在自家院内转移埋藏地点，日伪闻讯数次搜查，日军搜查兵力的人数、车辆及武器配备，搜查过程中刮起大风，吴培文借口为病人买药脱身，村民如何用另一件古物（或说赝品）骗过日军等。

20世纪90年代以来。刊登司母戊鼎信息的出版物众多，广见于图录、收藏鉴赏、国宝档案类等书刊，情节有所增加。如王仲廉因献鼎遭蒋介石责骂并被禁闭三天[8]，但少见标注信息来源。内容除不同程度转抄外，还出现将大鼎最初出土时间写作1990年[9]，或以郑州出土的商代早期大方鼎替代商代晚期司母戊鼎[10]这样的讹变。

二、出土辨异

司母戊鼎的发现与掘获距今已历数十年，相关材料报道有所不同。

1. 时间，有不同说法。

（1）1939 年[11]，具体时间表述有别。

①具体到日：

3 月 25 日[12]；3 月 4 日[13]；3 月 18 日至 19 日[14]。

②具体到月：3 月[15]。

③具体到旬，有两说。

3 月初[16]；3 月中旬[17]。

④具体到季节：1939 年春[18]。

（2）1938 年[19]。

上述诸说，（2）说未有举证材料支持。（1）说见于一等材料，出现时间最早，可信度较高。本年中，以 3 月可以兼顾诸说，至于 3 月中诸日说，因均属追记，不敢轻易断言哪个日子准确。

2. 关于大鼎的发现，有不同说法。

（1）农民耕地发现[20]。

（2）吴希增（或写作贞）探出[21]。

（3）吴玉瑶打井发现[22]。

（4）吴希增、吴培文修祖坟发现[23]。

由于大鼎属王室重器，具有特定意义的埋藏较深，故（1）说、（4）说可以排除。结合当时殷墟盗墓背景，比较（2）说和（3）说，以（2）说较有说服力。

3. 掘获，有两说。

（1）吴玉瑶掘获[24]。

（2）吴希增、吴培文等 40 余人先后参与挖掘获得[25]。

两说涉及诸多村民，其中以吴玉瑶出现时间为早，吴希增、吴培文出现较晚。鉴于大鼎重达千余斤，非两三个人之力可以掘出，当有众多参与挖掘者。

4. 方位，最早记武官村出土[26]，也有具体指出方位。

（1）武官村南（图二），系作者实地采访所获信息并附有位置图[27]。

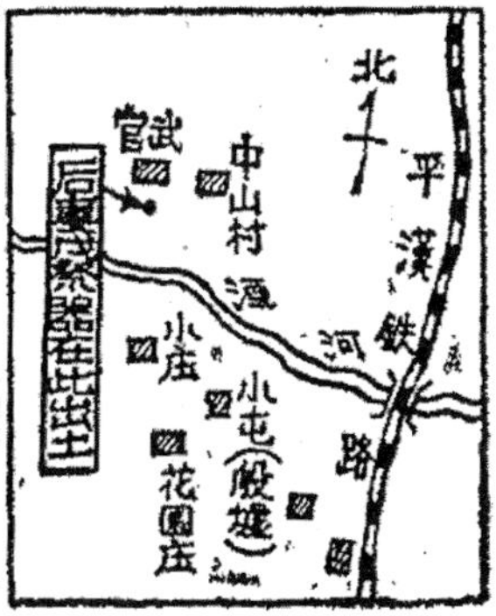

图二　殷代祭器出土地点略图

（采自《申报》1946 年 10 月 27 日）

（2）武官村北[28]。理由是这里探出了传出司母戊鼎的大墓[29]（图三）。

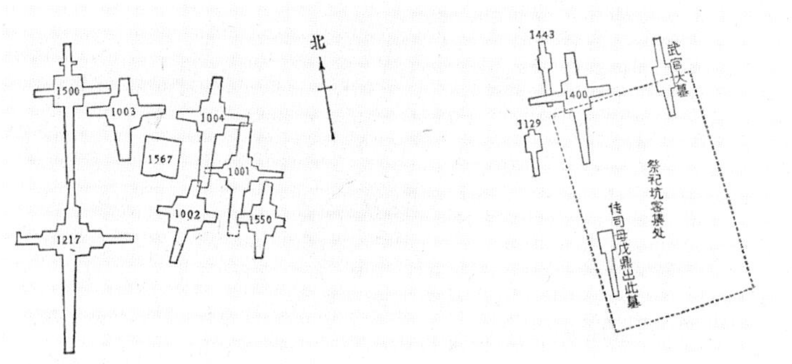

图三　河南安阳侯家庄－武官村商代陵墓分布图
（采自《考古》1977 年第 1 期）

比较两说：

（1）说出现时间早，在武官村南发现有商代墓地，其中有“亚”字形墓室并带有一条墓道的墓葬[30]。问题是，该说距出土时间有数年间隔，又系他人介绍，且无直接证据，故不能确定。

图四　84AWBM260
（采自《世界遗产·中国 殷墟》，2008 年）

（2）说系当年参与挖掘的老农指认。1984 年 9 月至 12 月，中国社会科学院考古研究所安阳工作队清理发掘了这座墓（编号 84AWBM260，图四），发现从商末周初到现代的 6 个盗坑，大部分随葬品已被窃走，大型重器无存[31]。有学者根据墓中检测金属元素，判断墓中应随葬有大量青铜器[32]。问题是，考古报道现代盗坑的尺寸东西 3.8 米、南北 4.3 米、深 8 米，与以往当事人记忆中盗坑尺寸长 6 尺、宽 2 尺、深 10 米左右[33]，长 2 米、宽 2 尺、深 10 米[34]，长 7 尺、宽 2 尺半[35]有明显的差别。墓中检测金属元素只能说明墓中曾埋藏大量青铜器及据此判断埋藏位置，与司母戊鼎无直接联系。也有认为出自 M260 东侧约 40 米的 M259，但并未出示论据材料[36]。

因此，两说均需留待日后实践检验。

5. 地点。出自地主田地有两说：

（1）出自吴培文地[37]。

（2）出自吴玉瑶田[38]。

两说以（1）说出现时间为早，（2）说为晚。（2）说可能源于吴玉瑶掘获说。

6. 分解、失耳。

（1）锯足，指村民曾用锯对大鼎尝试分解以便外售，不能断乃已[39]。问题在于，钢锯硬度应大于铜合金，不应成为钢锯分解不成的理由。可能当时村民曾用木工锯分解，由于工具硬度及效率的原因而放弃这一分解方法。

（2）失耳。相关材料显示，大鼎 1946 年再次出土，收归国有时，双耳均脱落并缺失一耳[40]。关于缺耳的原因有三种不同说法：

①出土缺耳。折一耳，余一耳尚埋土中。这种说法出现较

早，见于大鼎 1946 年再次出土，收归国有时展览说明词[41]。双耳脱落，只存一耳与当时展出现状相符（图五、图六）。

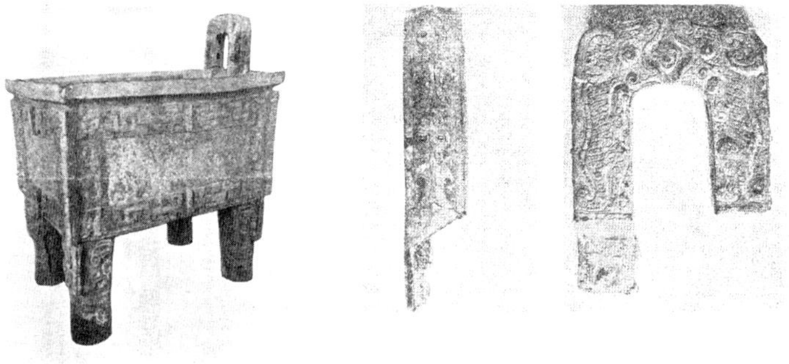

图五　残余一耳的司母戊鼎及脱落的耳
（采自《考古学报》第 7 册）

这种说法距 1939 年时隔 7 年有余，并非当时的记录而属追记。虽时间较其他说法相对较早，但只能说明在此之前，双耳均已脱落且丢失其中一只，并不显示双耳如何脱落和缺失其中一耳的原因。尽管有学者提出早期盗掘时，因铜鼎太重未被盗走，但被截去一耳的认识[42]，可毕竟属于推测，并无实证。

②出土损耳[43]。20 世纪 40 年代《中央日报》曾有报道："两边有耳两个，惜当时挖者不慎，将两耳尽损。"[44]

③人为分解。因使用工具不同有两说：

（A）锤击断耳[45]。按 1946 年大鼎再次出土，记者观察描述，其中失耳位置显示折断痕迹[46]。

（B）锯耳[47]。此说缺少锯痕证据材料支持。

考古发现，商代墓葬或窖藏埋葬铜鼎，除后世损坏外，均应器形完整。因此，除非大鼎在 1939 年出土之前已遭损坏[48]，否则应双耳齐全[49]。据此判断，1946 年大鼎再次出土时双耳脱落并缺失一耳，可能是最初出土时，致双耳断损。再次埋藏时，因鼎耳与鼎身分藏，致收归国有时只收回其中一只耳，另一只耳下落不明。

三、国家收藏

1939 年 3 月武官村村民掘获大鼎，因日伪闻讯搜寻而不得不将之再次埋入地下。1945 年日本宣布投降后，1946 年 7 月大鼎再次出土并被收归国有。国家收藏先后辗转于三个地点：

1. 安阳，县古物保存委员会收藏

1946 年，正值国内战争时期，安阳处战事之地。安阳县古物保存委员会在获悉大鼎埋藏地点之后，由县府派队在当地驻军的协助下将大鼎从武官村再次掘出，运送至古物保管所。关于此次掘出的信息略有不同：

埋藏地点的获悉来源，有四种不同说法：

（1）吴玉瑶报告说[50]；

（2）汉奸献出说[51]；

（3）安阳县参议员、古物保存委员会主任陈子明侦悉说[52]；

（4）安阳专员赵质臣侦悉说[53]。

按：（1）、（2）说相近，均为当事人透露大鼎埋藏地点。所谓汉奸说，指1939年3月大鼎出土后，日伪搜寻大鼎时曾对吴玉瑶刑讯逼问未果，后以千万元和安排其侄子吴延年任职等利诱方法，企图探出相关信息，但终未得逞。

（3）、（4）说相近，均为非当事人通过一定的手段侦知大鼎埋藏地点信息。

比较上述说法，以（1）、（2）、（3）说材料时代较早，（4）说材料时代较晚。考虑到（1）说当事人在日本宪兵队遭受刑讯尚未说出大鼎埋藏地点，（2）说献鼎与特定历史时期所定“汉奸”罪名也无直接联系，据此判断（1）、（2）两说显示当事人具有报告或献出的意愿，但（2）、（3）、（4）说也透露一些其中缘由，比如所有权纠纷，抑或如（3）、（4）两说，受到惩处“汉奸”的压力等。

起获时间，有两说；

（1）7月说[54]；

（2）6月说[55]；

以（1）说出现较早，可信性较高。

起获地点，有两说；

（1）吴玉瑶家花园[56]；

（2）吴培文家中地下[57]。

两说以（1）说出现较早。

大鼎收归国有后，曾存放在萧曹庙供各界人士参观。展览说明词（图六）介绍：

此炉系商末周初之古器，计高三尺二寸，长三尺四寸，宽二尺四寸，上镌有夔龙人头三层花纹。民国二十八年在河南安阳县西北乡之武官村出土，折一耳，余一耳尚埋土中。卅五年七月经本会报由县府派队押运保存以供考古家之研究。

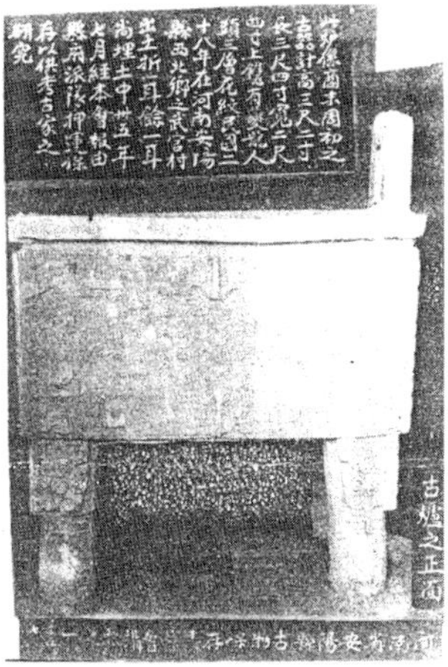

图六　司母戊鼎在萧曹庙展出

（采自《中州今古》1984 年第 2 期）

2. 南京，中央博物院筹备处、南京博物院收藏

1946 年 10 月，时逢国民党主席蒋介石六十寿辰。安阳县参议会拟修建一个中正亭，陈放大鼎[58]。然而，这件大鼎却被作为寿礼运往南京[59]。关于献鼎者有三说：

（1）驻安阳军事当局总司令王仲廉获悉大鼎时代古远、体量硕大、花纹精美，决定将其作为寿礼献给蒋介石。10 月 26 日下午 3 时，军方派员接收这件大鼎，用军车运至火车站，由科海潮押运南京[60]。

（2）吴姓地主把大鼎送给安阳赵专员，赵献给中央政府[61]。

（3）河南省主席征得大鼎，献与中央作国府蒋主席之寿礼[62]。

三说以（1）说材料报道时间与事发时间最为接近，最具可信度。

大鼎运抵南京后，即拨交中央博物院筹备处保管。中央博物院筹备处收藏司母戊鼎期间主要事迹：

（1）有关司母戊鼎新的度量数据，高 1.37 公尺（右耳计）、口长 1.1 公尺、宽 0.76 公尺、足高 0.51 公尺，重约一千数百斤[63]。

（2）1948 年 5 月，在南京中山门内半山园举办国立北平故宫博物院、中央博物院筹备处联合展览会，司母戊鼎作为重要展品向社会展出。蒋介石、蒋经国、马衡、于右任等社会要人先后参观展览并观摩这件大鼎（图七）。不过，对于这次展览的时间表述略有小异，可见 1948 年夏[64]、1948 年 5 月 29 日[65]、1948 年 5 月 29 日至 6 月 8 日[66]三说。

图七　蒋介石观摩司母戊鼎

（采自《奋进之路：南京博物院七十年院史 1933—2003》）

据展览会参观券展览时间为 1948 年 5 月 30 日至 6 月 5 日（图八）[67]判断，以

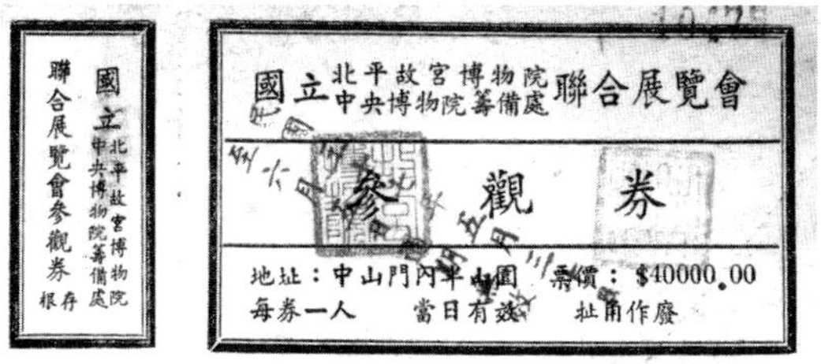

图八　联合展览会参观券

（采自《奋进之路：南京博物院七十年院史 1933-2003》）

上三说均不甚确切。

1949 年 4 月，中国人民解放军占领南京。司母戊鼎未及运往台湾，留在国立中央博物院筹备处。

1950 年 3 月，南京博物院成立。南京博物院收藏司母戊鼎事迹：

（1）可见司母戊鼎重新度量数据，通耳高 1.328 米，通身高 1.057 米，口长 1.16 米，宽 0.79 米，足高 0.473 米，足周径上 0.614 米、下 0.4 米，耳高 0.361 米、厚 0.08 米。重 1750 斤稍低，合 875 公斤稍低[68]。

（2）对司母戊鼎进行修复，用化学方法处理铜疾（绿色粉锈）[69]，仿制装配缺失一耳[70]（图九）。

关于修复单位和时间有不同说法。

①南京博物院修复。修复时间有差别：

（A）1953 年至 1955 年，1955 年仿铸配上左耳[71]；

（B）1954 年 4 月前完成[72]；

（C）1958 年[73]。

因修复后的司母戊鼎参加南京博物院 1957 年 9 月开展的“中国历史文物陈列”展览，故 1958 年说因晚于这一时限当误，1954 年说包括在 1953 年至 1955 年时限范围内。

图九　修复司母戊鼎，装配缺耳

（采自《奋进之路：南京博物院七十年院史 1933-2003》）

②中央博物院筹备处复制所失一耳[74]。

该说出现时间较晚，又未举证材料，不宜采信。

（3）修复后的司母戊鼎加入“中国历史文物陈列”展览[75]（图十）。

图十　司母戊鼎在“中国历史文物陈列”中展出

（采自《奋进之路：南京博物院七十年院史 1933-2003》）

3. 北京，中国历史博物馆、中国国家博物馆收藏

1959 年，司母戊鼎被调（或曰借）入正在筹建中的中国历史博物馆[76]。主要事迹有：

50 年代展厅

60 年代展厅

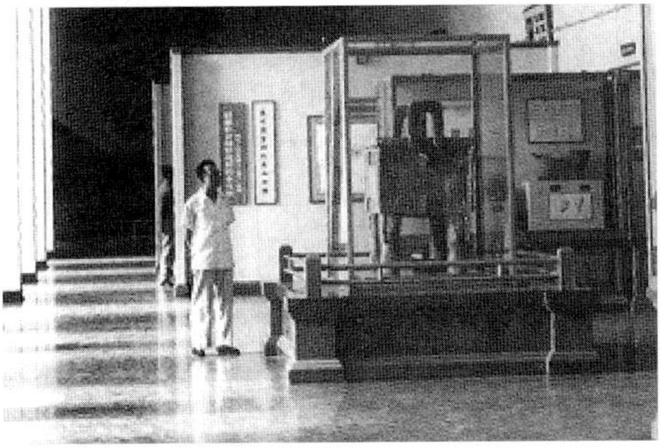

90 年代展厅

图十一　司母戊鼎在“中国通史陈列”中展出

（中、下图采自《中国国家博物馆百年简史》1912 - 2012）

图十二　工作人员对司母戊鼎检测

（采自《百年国博》2012 年、《中国国家博物馆馆刊》2003 年第 7 期）

（1）作为20世纪50年代末至90年代“中国通史陈列”的重要展品，称名“司母戊鼎”[77]（图十一）。

（2）对司母戊鼎组织结构、合金成分、铸造工艺、锈蚀程度进行检测[78]（图十二）。

（3）对司母戊鼎测重，数据为832.84公斤[79]。

2003年，中国革命博物馆与中国历史博物馆合并组建中国国家博物馆。司母戊鼎由中国国家博物馆收藏。主要事迹有：

（1）2005年9月18日至2006年12月31日，为支持安阳殷墟申遗活动，大鼎回归故里，在殷墟博物苑殷墟博物馆展出，称名“司母戊方鼎”[80]。

（2）2008年7月29日至9月20日，大鼎作为北京奥运会特别展出文物，在北京奥林匹克公园内中国科技馆新馆“奇迹天工——中国古代发明创造文物展”展出（图十三），称名“司母戊鼎”[81]。

（3）2011年3月至今，大鼎作为中国国家博物馆专题陈列“中国古代青铜器艺术”重要展品，在中国国家博物馆展出，称名“后母戊鼎”（图十四）。

图十三　司母戊鼎在中国科技馆新馆展出

（采自《北京晨报》2008年7月29日A3版）

四、研究述略

自1946年7月大鼎为国

图十四　司母戊鼎在中国国家博物馆展出

（采自《中国国家博物馆百年简史》1912—2012）

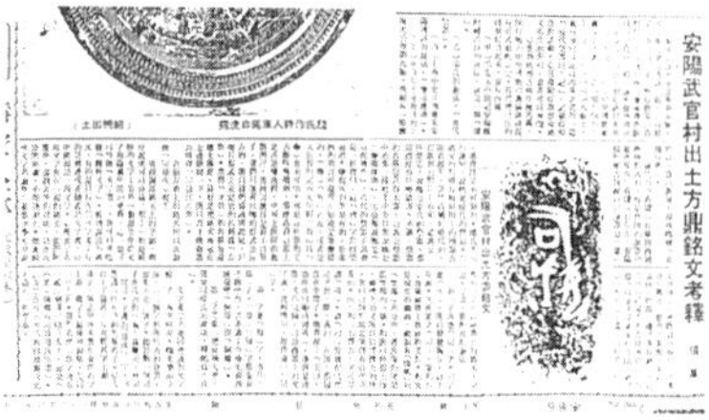

图十五　1946 年《申报》《中央日报》发表学者调研文章

家收藏之后，即有学者对其进行研究（图十五），主要涉及度量、编年、铭文、铸造等内容。

1. **度量**。度量数据属文物基本信息。

笔者阅读所见，大鼎自 1946 年国家收藏以来，公布度量数据多有不同（表一）。

关于鼎体尺寸，笔者以为导致数据变化的原因有：

（1）尺度换算。表现为 20 世纪 40 年代安阳民用尺与国际公制使用公分、厘米、米的换算关系[106]。如高三尺二寸，约合

106.7 厘米，这一数据与后来南京博物院测至口高 1.057 米数据接近。考虑到当时双耳折损，判断这一数据应为至口高度。长三尺四寸，约合 113.32 厘米。这一数据与后来《中国古代史参考图录》公布 113 厘米数据相近。宽二尺四寸，约合 79.92 厘米，这一数据与后来《中国历史博物馆》公布 79.4 厘米数据相近。

（2）测量部位。由于大鼎体型宏大，非机械制作，铸范长边出现 8–10 毫米的变形[107]，所以测量数据应指同一测量点并且应有一个适当的误差范围。

（3）传抄误差。如长三尺四寸与二尺四寸，高 133 厘米与 113 厘米，长 110 厘米、116 厘米、106 厘米等不同数据，可能存在传抄误差。

关于鼎重数据，笔者以为导致变化的原因有：

（1）估重与测重。20 世纪 40 年代安阳县古物保存委员会、中央博物院筹备处对大鼎估重，南京博物院收藏时进行测重。因此有了像上千斤与 1750 斤稍低（合 875 公斤稍低）这样的数据差异。

（2）衡制换算[108]。致出现 1957 年之前 1400 斤与之后 1750 斤稍低的差别。

（3）时重差别。1994 年之前公布重量数据为时重，其中应包含有附着杂质与水分。1994 年公布测重数据为杂质、水分减少，铜质锈蚀，剔出足内范土后所获 832.84 公斤[109]。

表一　历年公布司母戊鼎度量数据

数据 材料	体				足				耳		重量
	高	长	宽	壁厚	高	径（上）	径	径（下）	高	厚	
展览说明词 1946年[82]	三尺二寸	三尺四寸	二尺四寸								
《中央日报》1946年[83]	三尺二寸	二尺四寸	二尺四寸								约2000余斤
《申报》1946年[84]	三尺二寸	三尺四寸	二尺二寸	约半英寸							上千斤重
《大陆杂志》1951年[85]	1.37公尺（右耳计）	1.1公尺	0.76公尺		0.51公尺						约一千数百斤
《中国考古学报》1951年[86]											1400斤
《考古学报》1954年[87]	104厘米（至口）	106厘米	71厘米	6厘米	46厘米		15厘米				
《殷墟发掘》1955年[88]	137公分	110公分	77公分								1400多斤
南京博物院 1957年[89]	1.328米 1.057米（至口）	1.16米	0.79米		0.473米	0.614米（外周径）	0.143米（中口直径）	0.4米（内周径）	0.361米（耳下末部嵌入口沿内）	0.08米	1750斤稍低（合875公斤稍低）

（接上表）

《殷周青铜器通论》1958年[90]											700公斤
《文物》1959年[91]	133厘米	110厘米	78厘米	底3、4厘米		16厘米（粗）					875公斤 近900公斤
《中国通史陈列》1963年[92]	137厘米										875公斤
初中教材1978年[93]	133厘米	110厘米	75厘米								875公斤
《商周考古》1979年[94]	137厘米	110厘米	79厘米								近900公斤
《考古》1981年[95]	133厘米	166厘米	79厘米	3厘米足壁、底厚		16厘米（粗）					875公斤
《中国历史博物馆》1984年[96]	133厘米	112厘米	79.2厘米								875公斤
《中国古代史参考图录》1989年[97]	113厘米	110厘米	78厘米								875公斤
中国历史博物馆与中国计量科学研究院1994年[98]											832.84公斤

（接上表）

《中国文物精华大全》1994年[99]	133厘米	112厘米	79.2厘米								
《中国青铜器全集》商2，1997年[100]	133厘米	112厘米	79厘米								875公斤
《中国通史陈列》1998年[101]	133厘米	110厘米	79厘米								832.84千克
《中国历史博物馆》1998年[102]	134.5厘米	115.3厘米 底100厘米	79.4厘米 底72厘米								832.8千克
《东南文化》1998年[103]	133厘米	110厘米	76.5–78厘米		44.5、45、45.6、45.6厘米						
殷墟申遗2005年[104]								15.67、15.92、16.3、16.24厘米			
殷墟申遗成功2008年[105]	113厘米	116厘米	79厘米								

说明：本表所列数据组合为相同数据组合公布时间较早者。明显有误的数据未列入表中。

笔者认为832.84公斤这一重量数据并不精确，因为虽然除去足内部分范土，但耳内范土并未除去。按照一足内剔出766克范土[110]计算，即使从四足内均剔出同样多的范土，也不过3.064公斤，远不能解释较前875公斤（稍低）数据减少约42.16公斤的缘由。况且这一数据未见相关检测报告材料公布。

鉴于大鼎体型宏大，在使用传世、出土、现存、青铜、大鼎、容器、礼器、商周、先秦、中国、中华、世界等限制性名词的前提下，有最大、最重、之冠、之王、第一鼎等赞誉。21世纪以来，有学者根据殷墟考古材料逻辑推测其可能并非商代青铜器最大最重者[111]。笔者认为，以实物而论，司母戊鼎体量在目前公布的中国商文化青铜容器中居于首位。

2. 编年。大鼎再次出土，学者最初认为属周器[112]，很快改为商末周初器[113]、殷器[114]。安阳殷墟商文化分期编年证实这是一件商代晚期的青铜器，有学者认为是公元前1200年至公元前1100年左右的作品[115]。随着殷墟考古材料不断地补充和丰富，学者对司母戊鼎在殷墟文化编年位置的认识先后有殷墟文化三期和二期说。

（1）殷墟文化三期说，以邹衡先生为代表[116]。主要依据当时能够见到的殷墟考古材料作出的商代青铜器分期，其中包括饕餮纹尾部下卷、铭文笔道波磔等特征判断。或认为属殷墟中期，与本说相类[117]。

（2）殷墟文化二期说，杜廼松先生首提这一认识[118]。理由是司母戊鼎造型与铭文特征同于殷墟五号墓出土同类器，殷墟五号墓时代被中国社会科学院考古研究所安阳考古工作队学者定为殷墟文化二期[119]。

关于殷墟五号墓的分期年代，学界存有分属殷墟文化二期或三期的不同认识：

（1）殷墟文化二期说，由中国社会科学院考古研究所安阳工作队提出。

（2）殷墟文化三期说，北京大学邹衡先生认为殷墟五号墓中出土的青铜器群并非同时，依时代早晚可以分为三组，在殷墟文化编年中分属二期3组，三期4组、5组[120]。

有学者指出殷墟五号墓，有帚好铭文的铜器从形制花纹看有早有晚，铭文的字体也很不一致，这种演变不一定是一代人的时间所能形成的[121]。甚至有学者认为殷墟五号墓并不是一座墓葬，其中的器物群似为宗庙陈器或为衣冠冢[122]。

笔者注意到，司母戊鼎与殷墟五号墓中器形相类的司母辛鼎（学界或释“后母辛”）在体量、纹饰、铭文特征、耳体连接、足内结构、合金中含铅比例等方面均存有差别，而导致差异出现的原因尚待研究。

殷墟考古发掘，在铸铜作坊遗址发现体量与司母戊鼎相近的大型青铜器模范遗存[123]，未见明确为殷墟文化二期者。

因此，以殷墟五号墓判定司母戊鼎属于殷墟文化二期，仍存讨论余地。

3. 铭文。大鼎腹内铸有呈“品”字形排列的铭文，学者对于铭文的释读、字数及其含义均存异议。

（1）字数与释读方案分类。

甲类，释为三个字。依最上一字释读不同分两型。

A 型，释“后”，依字序不同分两亚型。

Aa 型，“后”居前，作王（皇）后意，分两式。

AaI 式，后妻戊、后戊妻[124]。

AaII 式，后母戊[125]。

Ab 型，“母”居前，依“后”字意有别，分两式。

AbI，母后，假司为后，作祀之用。尊崇意[126]。

AbII，母后戊，王后，崇高的称号[127]。

B 型，释“司”。依含义不同分四亚型。

Ba 型，司（司）母戊。司，作职、典司、官司、有司解[128]。

Bb 型，司（祀）母戊。司，作祭祀意[129]。

Bc 型，司（妃）母戊。司，作配偶意[130]。

Bd 型，司（嗣）母戊。司母即嗣母[131]。

乙类，将右下字视为“女”旁，铭文释为两个字。依组合不同分两型。

A 型，将“后母（女）”合为一字，写作“姤”，作王后意。依表述含义又别分两式。

I 式，妻戊。妻，戊之妻[132]。

II 式，后戊、姤戊。后，专属于王后，殷王的配偶[133]。

B型，将“司母（女）”合为一字，写作“姛”，依含义不同分两亚型。

Ba型，指女子之尊长意[134]。

Bb型，指出身于司氏族之妇人[135]。

诸家释读方案，无论字数多少，凸显主“后”（姤）与主“司”（姛）两说，笔者比较两说，存有相同、相近和不同之处（表二）。

表二　学者释“后”“司”主要认识异同比较

	后[136]	司[137]
相同	字形：有左、右向	字形：有左、右向
	文义：有假借为“祠”例、“人名”例	文义：有假借为“祠”例、“人名”（女性）例
相近	铭文字数：三字，后母戊；两字，姤戊	铭文字数：三字，司母戊；两字，姛戊
	文义：“后”例、“母家之姓”例	文义：“妃”（配偶）例、“姓氏”例
不同		文义：“职司（官名）”例、“祭祀”例、“嗣”例
	1. 相关字义为“后”（王后）。 2. 殷墟妇好墓中铜器铭文有“后母辛”“后辛”支持释“后”例。 3. “后”先出，分化出“司”。	1. 相关字义为“司”（祭祀）。 2. 殷墟妇好墓中铜器铭文有释“司母辛”“司辛”例。 3. 殷墟卜辞以“毓”表示生育，引申义指先公先王，还表示先后的“後”。由“毓”讹变为“后”（王后意），时在周代。

笔者以为，现代学者将司母戊鼎铭文中“司”按文义隶定为“司”或“后”，至今仍属学术探讨范畴。以今之音韵是否与商代音韵（属上古音）相符，难以验证。虽然在商代卜辞和金文中存有“司”反向写作“后”例，但前者为主流写法，后者为非主流写法[138]。据此判断，就字形而言，写作“司”形，因与铭文“司”方向相符较为合适。

（2）作器者与受祭者推断

铭文左下一字，学者释“戊”，指受祭者的庙号，周祭排序在戊日。学者对“戊”指代人物认识不同：

①商王大戊[139]。

②商王武丁后[140]。

③商王武乙配偶[141]。

参照商代周祭制度研究成果[142]知，受祭者应为商王所奭妣戊，有四位：

①大丁奭妣戊。

②武丁奭妣戊。

③祖甲奭妣戊。

④武乙奭妣戊。

参照《史记·殷本纪》记商王世系十七世三十一王和商文化编年判断，大丁、大戊均属商代前期，而司母戊鼎考古学文化编年属于商代晚期，故可以排除。所余武丁、祖甲、武乙三位商王，考古学家将其与殷墟文化二、三期对应。

由于是妣戊子作器，故司母戊鼎作器者有三种选择：

①武丁子祖庚、祖甲[143]；

②祖甲子廪辛、康（庚）丁；

③武乙子文丁[144]。

如果司母戊鼎属殷墟文化二期，则作器者可考虑商王祖庚、祖甲；如果司母戊鼎属殷墟文化三期，则作器者应考虑为廪辛、康（庚）丁、文丁。

鉴于学者将殷墟文化分期与商王对应，四期与周纪年的关系等问题认识存有差异，故司母戊鼎铸造、使用、埋藏年代仍是需要讨论的问题。

4. 铸造。关于古代青铜器的金相结构和浇铸工艺研究，对于了解当时的原料产地、生产流程、协作规模、工艺水准等信息均有重要的参考价值和学术意义。有关司母戊鼎金属结构和浇铸工艺研究成果，自 20 世纪 50 年代以来陆续公布[145]。主要涉及两个方面。

（1）金相结构，据对鼎耳的检测，含铜 84.77%、锡 11.64%、铅 2.79%，另有微量的铁、铬、锌、砷、钙等金属成分[146]。从大鼎微观结构大小缩孔密集现象判断与浇铸排气不畅有关，炼铜时杂质混入铜液导致结构质地疏松[147]。

（2）浇铸工艺，先后公布的成果在生产工艺大致流程经历做模、制范、合范、浇铸、打磨、器身浑铸、缺陷补铸、鼎耳后铸等结论性认识基本一致。有迹象显示，部分认识随时间、科技手段和考古材料的丰富而有所变化：

①铸造用范数量的认识不同。自20世纪50年代以来，学者通过目验观察或采用X光探测技术，对司母戊鼎体、耳模范造型、数量进行估计，认识由约略趋于精确。

②浇铸工具与设施认识变化。关于司母戊鼎浇铸工具与设施，学者先后有两种认识：

坩埚浇铸说。最早是学者根据安阳殷墟文化一种陶制坩埚（俗称“将军盔”，图十六），因内壁附有铜液痕迹而判断为冶铸工具[148]。经估计与测量，这种坩埚熔铜或约3公升[149]，或约12.5公斤[150]。据此推测，铸造800余公斤的司母戊鼎需数百人使用数十个坩埚，通过组织协作浇铸而成[151]。学者推算所用金属料总量约1200公斤[152]，或1500公斤以上[153]，或2吨（2000公斤）[154]。

熔炉浇铸说。缘于安阳殷墟遗址考古发现除坩埚熔铜工具外，还在苗圃北地和孝民屯铸铜遗址发现熔铜炉，自身设有出铜口，有的还有流道。大型陶模与范，直径达0.83米的坩埚，浇铸大型青铜器的房址[155]。显示大型青铜器铸造应当在专门的工坊中运用大型熔炉（坩埚）浇铸而成。

图十六　殷墟出土坩埚

（采自《文物中国史》，2004年）

基于考古发现，笔者认

为，坩埚适用于体型较小的青铜器浇铸，而像司母戊鼎这样的大型青铜器的浇铸，应以专门的熔炉在特定的工坊内浇铸生产形成。

20 世纪 40 年代，记者曾注意到鼎身一个面左上角有所损毁，推断系翻制时所毁[156]。通过 X 光检验，这一现象为浇铸鼎身时没有铸成所致，从而又进行二次补铸。同时，发现鼎的四足内均为有间隔两段空腔结构（图十七、右），内有范土，从而纠正了以往认为空足底部有一段为实心的认识（图十七、左），足下部有不规则浇铸口，为克服足底高度不一，对四足下部进行补铸[157]。

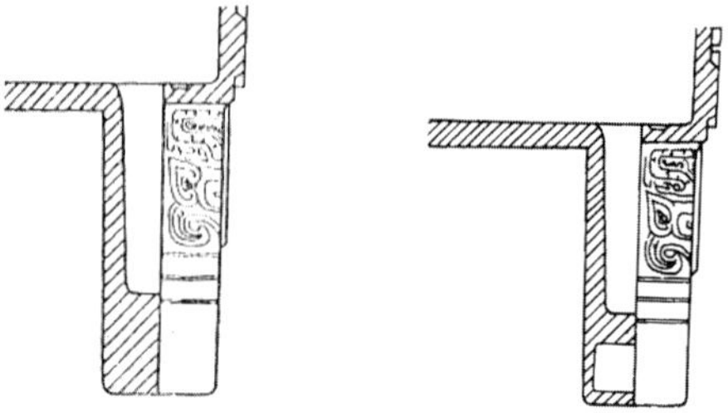

图十七　司母戊鼎足结构示意

（左图采自《考古》1981 年第 2 期，右图采自《东南文化》1998 年第 3 期）

综上所述，作为目前发现重量居中国商文化青铜容器之首的司母戊鼎，经历从私人掘获到国家收藏 70 余年流传过程。由于最初出土时遭遇战乱与盗掘的历史背景，致其在收归国有之前的事迹失于时录，所见有关这一段历史的文字材料表述均属据部分当事人追忆而追记形成，且时间越晚越趋细致，其中存有层累添加元素和衍变情节。20 世纪 40 年代，收归国有之初，因国内战争局势动荡而致交接收藏事迹不详。20 世纪 50 年代，南京博物院收藏情况也十分简略。即使作为中国历史博物馆、中国国家博物馆收藏的文物重器，相关信息材料及研究依然薄弱。这些因素导致对司母戊鼎许多信息言之不详甚或传讹。因此，需要学界给予更多的关注和研究。

注释

1 郭宝钧：《一九五〇年春殷墟发掘报告》，《中国考古学报》第 5 册，1951 年。

2 陈梦家：《殷代铜器》，《考古学报》第 7 册，1954 年。

3 中小学通用教材历史编写组编：全日制十年制初中课本（试用本）《中国历史》第 1 册，人民出版社，1978 年，第 1 版。

4 辞海编辑委员会编：《辞海》，上海辞书出版社，1979 年。

5 张恩言：《国宝罹难录——殷墟司母戊方鼎出土前后》，《中州今古》1984 年第 2 期。

6 安阳萧曹庙（20 世纪 90 年代以来，有材料误作萧朝庙），创建于清代晚期，供奉汉代萧何、曹参二公。民国时期，安阳古物保存委员会曾在此存放古物。20 世纪 80 年代材料记，原址曾编为安阳县东街四号，现街道改为安阳老城文峰中路。

7 有材料记，萧寅卿，河北束鹿人，光绪末年曾在位于北京东四牌楼灯市口椿树胡同的同益恒古玩铺学徒，主收购文物。据说从 1925 年起，长期驻彰德府（今安阳），包坑收购金石文物，所收商代青铜器请人整修复制后转手出售。参见陈重远：《古玩史话与鉴赏》，国际文化出版公司，1990 年，第 192–193 页。

8 史昌友：《灿烂的殷商文化》，中国社会科学出版社，2006 年。

9 《司母戊鼎实重新测定》，《中国文物报》1994 年 12 月 18 日，第 1 版。

10 李根林：《吴培文与司母戊鼎共命运》，《河南日报》2002 年 9 月 6 日，第 5 版。

11 即中华民国二十八年。邵慎之：《安阳探古殷代祭器出土记》，《申报》1946 年 10 月 27 日，第 3 张。

12 《国家文化　周朝古鼎》，《中央日报》1946 年 7 月 21 日，第 3 版。

13 《豫北安阳掘出一只周鼎》，《中央日报》1946 年 7 月 24 日，第 8 版。

14 吕章申主编：《中国古代青铜器艺术》，中国社会科学出版社，2011 年；张健编著：《国宝探秘 36 讲》，东南大学出版社，2012 年。

15 陈梦家：《殷代铜器》，《考古学报》第七册，1954 年。

16 窦忠如：《国宝传世之谜》，中国文史出版社，2011 年。

17 张恩言：《国宝罹难录——殷墟司母戊方鼎出土前后》，《中州今古》1984 年第 2 期。

18 李根林：《吴培文与司母戊鼎共命运》，《河南日报》2002 年 9 月 6 日，第 5 版。

19 北京大学历史系考古教研室商周组编著：《商周考古》，文物出版社，1979 年。

20 郭胜强：《商代司母戊大方鼎简介》，《史学月刊》1983 年第 2 期。

21 张恩言：《国宝罹难录——殷墟司母戊方鼎出土前后》，《中州今古》1984 年第 2 期。

22 杜迺松：《古代青铜器》，文物出版社，2005 年。

23 窦忠如：《国宝传世之谜》，中国文史出版社，2011 年。

24 《国家文化　周朝古鼎》，《中央日报》1946 年 7 月 21 日，第 3 版。

25 张恩言：《国宝罹难录——殷墟司母戊方鼎出土前后》，《中州今古》1984 年第 2 期。

26 见1946年7月，安阳古物保存委员会展览古炉说明词，见张恩言：《国宝罹难录——殷墟司母戊方鼎出土前后》，《中州今古》1984年第2期。

27 邵慎之：《安阳探古殷代祭器出土记》，《申报》1946年10月27日，第3张。

28 郭宝钧：《一九五〇年春殷墟发掘报告》，《中国考古学报》第5册，1951年。

29 中国社会科学院考古研究所安阳工作队：《安阳武官村北的一座殷墓》，《考古》1973年第3期，第223页。

30 杨锡璋：《安阳郭家庄西和武官村南殷墓》，《中国考古学年鉴1991》，文物出版社，1992年。

31 中国社会科学院考古研究所安阳工作队：《殷墟259、260号墓发掘报告》，《考古学报》1987年第1期。

32 申斌：《司母戊大鼎埋藏位置初探》，《殷都学刊》1986年第3期。

33 张恩言：《国宝罹难录——殷墟司母戊方鼎出土前后》，《中州今古》1984年第2期。

34 尚广、郁真：《“司母戊”方鼎出土记》，《人民政协报》2001年8月10日。

35 张健编著：《国宝探秘36讲》，东南大学出版社，2012年。

36 岳洪彬：《殷墟青铜器纹饰研究》，《三代考古》（二），科学出版社，2006年，第410页。

37 《豫北安阳掘出一只周鼎》，《中央日报》1946年7月24日，第8版。

38 陈梦家：《殷代铜器》，《考古学报》第7册，1954年。

39 平庐：《司母戊大鼎（封面说明）》，《大陆杂志》第2卷第5期，1951年。

40 邵慎之：《安阳探古殷代祭器出土记》，《申报》1946年10月27日，第3张。

41 张恩言：《国宝罹难录——殷墟司母戊方鼎出土前后》，《中州今古》1984年第2期。

42 中国社会科学院考古研究所编著：《殷墟的发现与研究》，科学出版社，1994 年。

43 郭胜强：《商代司母戊大方鼎简介》，《史学月刊》1983 年第 2 期。

44 《豫北安阳掘出一只周鼎》，《中央日报》1946 年 7 月 24 日，第 8 版。

45 张恩言：《国宝罹难录——殷墟司母戊方鼎出土前后》，《中州今古》1984 年第 2 期。

46 邵慎之：《安阳探古殷代祭器出土记》，《申报》1946 年 10 月 27 日，第 3 张。

47 郭羽：《司母戊鼎掉耳轶闻》，《中国文物报》1990 年 3 月 15 日，第 4 版。

48 有推测认为，安阳殷墟王陵在早期盗掘时因鼎太重而未能盗走，但被截去一耳。见中国社会科学院考古研究所编著：《殷墟的发现与研究》，科学出版社，1994 年。

49 司母戊鼎所出王陵区，自周初至现代屡经盗掘，墓室遭严重损毁，随葬器物多被掠去或遭损坏。有少数幸存者，如 1004 号大墓南道中埋藏的带有鹿、牛图徽的长方形鼎，器形完好，双耳齐备。如果司母戊鼎在先前的盗掘中被发现，难以想象会被留存下来。

50 《国家文化　周朝古鼎》，《中央日报》1946 年 7 月 21 日，第 3 版。

51 邵慎之：《安阳探古殷代祭器出土记》，《申报》1946 年 10 月 27 日，第 3 张。

52 张恩言：《国宝罹难录——殷墟司母戊方鼎出土前后》，引《民声报》，《中州今古》1984 年第 2 期。

53 平庐：《司母戊大鼎（封面说明）》，《大陆杂志》第 2 卷第 5 期，1951 年。

54 据《中央日报》1946 年 7 月 24 日第 8 版报道《豫北安阳掘出一只周鼎》稿件寄日为“七月十六日”，推知文中称前夜掘出当在十四日。邵慎之：《安阳探古殷代祭器出土记》，《申报》1946 年 10 月 27 日，第 3 张。

55 陈梦家：《殷代铜器》，《考古学报》第 7 册，1954 年。

56 《豫北安阳掘出一只周鼎》，《中央日报》1946年7月24日，第8版。

57 张恩言：《国宝罹难录——殷墟司母戊方鼎出土前后》，《中州今古》1984年第2期。

58 《商代衍龙鼎》，《大公报》1946年10月30日，第9版。

59 1943年，中美、中英签订条约，废除两国在华的治外法权，中国在废除不平等条约的道路上取得重大成就。为此，中国国民党中组部直属的工矿党部和学校党部酝酿向蒋介石“铸献九鼎”，以颂扬蒋介石的功绩。虽然最后“献鼎典礼”被取消，但此事在社会上造成了较大影响（耿密：《抗战时期大后方“献鼎”事件述评》，《中国国家博物馆馆刊》2014年第10期）。1946年献鼎之举不知是否受此事件影响。

60 《夔龙宝鼎运京呈献主席》，《中央日报》1946年11月3日，第5版。

61 曾昭燏：《〈司母戊鼎〉前言》，《曾昭燏文集》，文物出版社，1999年。

62 楚戈：《法统的象征》，《故宫文物月刊》第1卷第1期，1985年。《金祥恒先生全集》第1册，艺文出版社，1990年，第230页引。

63 平庐：《司母戊大鼎（封面说明）》，《大陆杂志》第2卷第5期，1951年。

64 李立新：《盘点国宝“司母戊”大方鼎》，《收藏》2001年第10期。

65 李根林：《吴培文与司母戊鼎共命运》，《河南日报》2002年9月6日，第5版。

66 杨小林：《司母戊鼎访谈纪实》，《中国文物科学研究》2006年第3期。

67 徐湖平主编：《奋进之路：南京博物院七十年院史（1933-2003）》，中国江苏南京博物院，2003年。

68 于省吾：《司母戊鼎的铸造和年代问题》，《文物精华》第3集，文物出版社，1964年。

69 曾昭燏：《〈司母戊鼎〉前言》，《曾昭燏文集》，文物出版社，1999年。

70 1953年12月底，请山东省文物管理委员会潘武林为司母戊鼎修复两耳，见《曾昭燏文集》，文物出版社，1999年，第354页。也有写作潘成林者，见徐湖平主编：《奋进之路：南京博物院七十年院史（1933-2003）》，中国江苏南京博物院，2003年。笔者通过山东大学方辉教授了解：潘成林，山东潍县人，潍县仿青铜器技术传人，曾为山东省博物馆修复青铜器。

71 曾昭燏：《〈司母戊鼎〉前言》，《曾昭燏文集》，文物出版社，1999年。

72 徐湖平主编：《奋进之路：南京博物院七十年院史（1933-2003）》，中国江苏南京博物院，2003年。

73 杨小林：《司母戊鼎访谈纪实》，《中国文物科学研究》2006年第3期。

74 窦忠如：《国宝传世之谜》，中国文史出版社，2011年。

75 参见南京博物院编：《曾昭燏文集》，文物出版社，1999年，第354页。徐湖平主编：《奋进之路：南京博物院七十年院史（1933-2003）》，中国江苏南京博物院，2003年。

76 参见中国历史博物馆：《中国历史博物馆80》，1992年。徐湖平主编：《奋进之路：南京博物院七十年院史（1933-2003）》，中国江苏南京博物院，2003年。

77 中国历史博物馆建馆小组：《中国通史陈列指导思想与陈列内容要点说明》，1959年1月20日油印本。有文章披露，展出的司母戊鼎为复制品，见尚广、郁真：《难以磨灭的回忆——“司母戊”方鼎出土记》，《文史春秋》，2000年第10期。笔者注意到，1960年5月，中国历史博物馆按照北京市委加强珍品文物保管的指示，陈列品中的一级藏品，以复制品代替。1962年，完成司母戊鼎复制工作。见《中国历史博物馆八十年纪事》（1912-1992），《中国历史博物馆馆刊》总第18、19期，1992年。

78 杨根、丁家盈：《司母戊大鼎的合金及其铸造技术的初步研究》，《文物》1959年第12期。冯富根、王振江、白荣金、华觉明：《司母戊鼎铸造工艺的再研究》，《考古》1981年第2期。宋淑悌：《司母戊鼎的X

光检测及其铸造工艺》，《东南文化》1998 年第 3 期。韩英、杨小林、马燕茹：《后母戊鼎西南足腐蚀产物物相分析》，《中国国家博物馆馆刊》2013 年第 7 期。

79 《司母戊鼎实重新测定》，《中国文物报》1994 年 12 月 18 日，第 1 版。

80 段振美：《殷墟：从考古遗址到世界遗产》，文物出版社，2011 年。

81 贺岩、姜崴：《国宝司母戊抬进奥运中心区》，《北京晨报》2008 年 7 月 29 日，A3 版。

82 张恩言：《国宝罹难录——殷墟司母戊方鼎出土前后》，《中州今古》1984 年第 2 期。

83 《国家文化　周朝古鼎》，《中央日报》1946 年 7 月 21 日，第 3 版；《豫北安阳掘出一只周鼎》，《中央日报》1946 年 7 月 24 日，第 8 版。

84 邵慎之：《安阳探古殷代祭器出土记》，《申报》1946 年 10 月 27 日，第 3 张。

85 平庐：《司母戊大鼎（封面说明）》，《大陆杂志》第 2 卷第 5 期，1951 年。

86 郭宝钧：《一九五〇年春殷墟发掘报告》，《中国考古学报》第 5 册，1951 年。

87 陈梦家：《殷代铜器》，《考古学报》第 7 册，1954 年。

88 胡厚宣：《殷墟发掘》，学习生活出版社，1955 年。

89 于省吾：《司母戊鼎的铸造和年代问题》，《文物精华》第 3 集，文物出版社，1964 年。

90 容庚、张维持：《殷周青铜器通论》，科学出版社，1958 年。

91 杨根、丁家盈：《司母戊大鼎的合金及其铸造技术的初步研究》，《文物》1959 年第 12 期。

92 中国历史博物馆：《中国通史陈列展品详目及说明》，1963 年油印本。

93 中小学通用教材历史编写组编：全日制十年制初中课本（试用本）《中国历史》第 1 册，人民出版社，1978 年，第 1 版。

94 北京大学历史系考古教研室商周组编著：《商周考古》，文物出版社，

1979 年。
95 冯富根、王振江、白荣金、华觉明：《司母戊鼎铸造工艺的再研究》，《考古》1981 年第 2 期。
96 中国历史博物馆编：《中国历史博物馆》，文物出版社、株式会社讲谈社，1984 年。
97 中国历史博物馆编：《中国古代史参考图录（奴隶社会）》，上海教育出版社，1989 年。
98 《司母戊鼎实重新测定》，《中国文物报》1994 年 12 月 18 日，第 1 版。
99 国家文物局主编：《中国文物精华大全》，商务印书馆、上海辞书出版社，1994 年。
100 中国青铜器全集编辑委员会编：《中国青铜器全集》商 2，文物出版社，1997 年。
101 中国历史博物馆编：《中国通史陈列》，朝华出版社，1998 年。
102 刘桂英主编：《中国历史博物馆》，北京燕山出版社，1998 年。
103 宋淑悌：《司母戊鼎的 X 光检测及其铸造工艺》，《东南文化》1998 年第 3 期。
104 唐际根：《司母戊鼎并非中国古代最大的青铜器？》，《艺术市场》2010 年第 1 期。
105 《世界遗产·中国殷墟》，中国对外翻译出版公司，2008 年。
106 中华民国时期曾并行使用营造尺旧制与国际公制。现存这一时期民用尺各地长度不尽相同，折合厘米在 33.25-54.4 之间，见邱光明：《中国历代度量衡考》，科学出版社，1992 年。
107 杨根、丁家盈：《司母戊大鼎的合金及其铸造技术的初步研究》，《文物》1959 年第 12 期。冯富根、王振江、白荣金、华觉明：《司母戊鼎铸造工艺的再研究》，《考古》1981 年第 2 期。
108 中华民国时期曾并行使用库平一两为单位的旧制和国际公制，见邱光明：《中国历代度量衡考》，科学出版社，1992 年。
109 《司母戊鼎实重新测定》，《中国文物报》1994 年 12 月 18 日，第 1 版。

宋淑悌：《司母戊鼎的X光检测及其铸造工艺》，《东南文化》1998年第3期。高蒙河：《司母戊鼎的新重量》，《新民晚报》1999年11月17日，第21版。

110 需要指出的是，司母戊鼎体内范土同样具有文物价值，剔出范土应予以复原。否则，将构成对文物本体的损坏。

111 王学荣、何毓灵：《安阳殷墟孝民屯遗址的考古新发现及相关认识》，《考古》2007年第1期。彭安保：《司母戊鼎是最大的青铜器吗？》，《中华遗产》2010年第6期。

112 《国家文化　周朝古鼎》，《中央日报》1946年7月21日，第3版。

113 张恩言：《国宝罹难录——殷墟司母戊方鼎出土前后》，《中州今古》1984年第2期引当时展览说明词。

114 邵慎之：《安阳探古殷代祭器出土记》，《申报》1946年10月27日，第3张。

115 杨根、丁家盈：《司母戊大鼎的合金及其铸造技术的初步研究》，《文物》1959年第12期。

116 邹衡：《试论殷墟文化分期》，《北京大学学报》（人文科学）1964年第4、5期，收入邹衡：《夏商周考古学论文集》，文物出版社，1980年。

117 上海博物馆青铜器研究组编：《商周青铜器纹饰》，文物出版社，1984年，第59、209页。

118 杜廼松：《司母戊鼎年代问题新探》，《文史哲》1980年第1期。

119 中国社会科学院考古研究所编著：《殷墟妇好墓》，文物出版社，1980年。

120 《安阳殷墟五号墓座谈纪要》邹衡发言，《考古》1977年第5期，第344页。

121 张政烺：《妇好略说》，《考古》1983年第6期。

122 梁文伟：《殷墟五号墓主骸骨存没质疑及补证》，石璋如《殷墟妇好墓的五点疑问》，均见《纪念殷墟甲骨文发现一百周年国际学术研讨会论文集》，社会科学文献出版社，2003年。

123 如在苗圃北地铸铜遗址发现的大方鼎铸范PNIVF1∶1，见中国社会科学院考古研究所编著：《殷墟发掘报告1958—1961》，文物出版社，1987年。在孝民屯遗址F43内发现的大型圆形范芯座，见王学荣、何毓灵：《安阳殷墟孝民屯遗址的考古新发现及相关认识》，《考古》2007年第1期。在F54内发现的大型圆鼎足陶模，见殷墟孝民屯考古队：《殷墟孝民屯大面积发掘的重要收获》，《中国文物报》2005年6月15日，第1版。

124 邵慎之：《安阳探古殷代祭器出土记》，《申报》1946年10月27日，第3张。

125 金祥恒：《释后》，《中国文字》第3卷，1962年12月。

126 丁骕：《说后》，《中国文字》第7卷第31册，台湾大学文学系编印，1969年。

127 张桂光：《“母后戊”方鼎及其他》，《华南师范大学学报》1985年第3期。

128 张凤：《安阳武官村出土方鼎铭文考释》，《中央日报》1946年11月17日，第10版。

129 平庐：《司母戊大鼎（封面说明）》，《大陆杂志》第2卷第5期，1951年。于省吾：《司母戊鼎的铸造和年代问题》，《文物精华》第3集，文物出版社，1964年。

130 张亚初：《对妇好之好与称谓之司的剖析》，《考古》1985年第12期。

131 曹定云：《“司母戊鼎”不可更名为“后母戊鼎”》，《中国社会科学报》2012年2月27日，A-07。

132 邵慎之：《安阳探古殷代祭器出土记》，《申报》1946年10月27日，第3张。

133 唐兰先生主张“司母戊”应为“后戊”（姤戊），见《安阳殷墟五号墓座谈纪要》唐兰发言，《考古》1977年第5期。

134 裘锡圭：《说㚸》，《古文字与古代史》第2辑，中央研究院历史语言研究所，2009年。

135 林巳奈夫提出此识，见朱凤瀚：《论卜辞与商金文中的“后”》，《古文字研究》第19辑，中华书局，1992年。

136 参见金祥恒：《释后》，《中国文字》第3卷，1962年12月；《安阳殷墟五号墓座谈纪要》王宇信、李学勤、唐兰等发言，《考古》1977年第5期；杜廼松：《司母戊鼎年代问题新探》，《文史哲》1980年第1期；王蕴智：《从花东卜辞“其雨亡后”谈古“后”字的释读》，《华夏考古》2011年第4期。

137 参见曹定云：《“司母戊鼎”不可更名为“后母戊鼎”》，《中国社会科学报》2012年2月27日，A-07；葛英会：《商代大鼎的“司”、“后”之争》，《殷都学刊》2012年第1期；常玉芝：《是“司母戊鼎”还是“后母戊鼎”——论卜辞中的“司”、“毓”》，《中原文化研究》2013年第1期（创刊号）。

138 笔者阅读见，商代甲骨卜辞1-5期79例中，“司”为主流写法（约73.4%），反向写作“后”为非主流写法（约26.6%）。商代金文，以《殷墟妇好墓》刊出27例“司”“后”铭文拓片计，“司”形为主流写法（约92.6%），“后”为非主流写法（约7.4%）。

139 邵慎之：《安阳探古殷代祭器出土记》，《申报》1946年10月27日，第3张。

140 杨锡璋、杨宝成：《从商代祭祀坑看商代奴隶社会的人牲》，《考古》1977年第1期，提出这种可能性。金祥恒：《后母戊大方鼎之为武丁后考》，《台湾大学中文学报》1985年第11期，该文予以明确。

141 于省吾：《司母戊鼎的铸造和年代问题》，《文物精华》第3集，文物出版社，1964年。

142 陈梦家：《殷虚卜辞综述》，中华书局，1956年。

143 杨锡璋、杨宝成：《从商代祭祀坑看商代奴隶社会的人牲》，《考古》1977年第1期，提出这种可能性。杜廼松：《司母戊鼎年代问题新探》，《文史哲》1980年第1期，该文予以明确。

144 陈梦家：《殷代铜器》，《考古学报》第7册，1954年。

145 杨根、丁家盈：《司母戊大鼎的合金及其铸造技术的初步研究》，《文物》1959 年第 12 期。冯富根、王振江、白荣金、华觉明：《司母戊鼎铸造工艺的再研究》，《考古》1981 年第 2 期。宋淑悌：《司母戊鼎的 X 光检测及其铸造工艺》，《东南文化》1998 年第 3 期。董亚巍：《从范铸结构看司母戊鼎的范铸工艺》，《文物鉴定与鉴赏》2012 年第 10、11、12 期。

146 杨根、丁家盈：《司母戊大鼎的合金及其铸造技术的初步研究》，《文物》1959 年第 12 期。

147 宋淑悌：《司母戊鼎的 X 光检测及其铸造工艺》，《东南文化》1998 年第 3 期。

148 张蔚然：《殷墟地层研究》，《安阳发掘报告》第 2 期，1930 年。中国社会科学院考古研究所安阳工作队：《1987 年安阳小屯村东北地的发掘》，《考古》1987 年第 10 期。

149 刘屿霞：《殷代冶铜术之研究》，《安阳发掘报告》第 4 期，1933 年。

150 杨根、丁家盈：《司母戊大鼎的合金及其铸造技术的初步研究》，《文物》1959 年第 12 期。

151 杨根、丁家盈：《司母戊大鼎的合金及其铸造技术的初步研究》，《文物》1959 年第 12 期。北京大学历史系考古教研室商周组编著：《商周考古》，文物出版社，1979 年。

152 冯富根、王振江、白荣金、华觉明等：《司母戊鼎铸造工艺的再研究》，《考古》1981 年第 2 期。宋淑悌：《司母戊鼎的 X 光检测及其铸造工艺》，《东南文化》1998 年第 3 期。

153 万家保：《商代几件大青铜方鼎铸造方法的商榷——兼评〈司母戊鼎铸造工艺的再研究〉》，《大陆杂志》第 63 卷第 4 期，1981 年。

154 董亚巍：《从范铸结构看司母戊鼎的范铸工艺》（中），《文物鉴定与鉴赏》2012 年第 11 期。

155 中国科学院考古研究所安阳发掘队：《1958-1959 年殷墟发掘简报》，《考古》1961 年第 2 期。中国社会科学院考古研究所编著：《殷墟发掘报告1958—1961》，文物出版社，1987年。中国社会科学院考古研究所安阳工作队：《2000—2001年安阳孝民屯东南地殷代铸铜遗址发掘报告》，《考古学报》2006年第3期。殷墟孝民屯考古队：《河南安阳市孝民屯商代铸铜遗址2003—2004年发掘》，《考古》2007年第1期。

156 邵慎之：《安阳探古殷代祭器出土记》，《申报》1946年10月27日，第3张。

157 宋淑悌：《司母戊鼎的X光检测及其铸造工艺》，《东南文化》1998年第3期。

司母戊鼎研究历程

司母戊鼎以体型宏大、纹饰繁缛引人注目，为社会熟知。学界对这件大鼎的关注和探究，始于 1946 年（民国 35 年）大鼎收归国家收藏之后，研讨涉及出土、流传、图案、铸造、铭文、商史等内容。笔者初览相关研究成果，参照时代背景、研究重点、信息补充等因素，试分三个时段。

一、1949 年以前

1928 年至 1937 年，中央研究院历史语言研究所在安阳殷墟开展了 15 次考古发掘（包括西北岗商王陵区），获得丰富的古代遗物（甲骨文、青铜器、玉器、白陶等），使殷墟扬名海内外。

（一）出土

1937 年下半年，侵华日军占领安阳。从 1938 年至 1943 年，侵华日军、日本春庆义应塾大学北支学术调查团、东方文化研究所、东京帝国大学考古教研室曾在安阳殷墟实施盗掘，劫掠文物。当地民众也有挖掘古物的风气，大鼎就是在这样的历史背景下被当地村民挖掘出土的。

有关大鼎出土情况的报道与研究主要见于 1946 年《中央日报》《申报》《大公报》，从中可获如下信息。

传说出土时间为 1939 年（民国 28 年）3 月（4 日或 25 日），地点在武官（村）南吴培文地中，明确掘获与保存人为吴玉瑶。因挖掘不慎，双耳俱损，一耳尚埋土中。

伪县长杨隆准的日本顾问井东三郎获悉消息后，责成宪兵队立案侦获，拘捕当事人吴玉瑶刑讯追索。飞机场警备队长黑田荣次采用怀柔手段，欲用千万元伪币购买，安排其侄子吴延年任伪职，终未得逞。据说用一个小的（何物不详）瞒过了日伪。

日本投降后，国共两军在这一带交错对峙，安阳成为战区。1946 年，吴玉瑶向县政府报告大鼎埋藏地点，时任姚县长征得当地驻军同意和协助，于 7 月（按：约在 14 日晚）在吴玉瑶花园中挖出，用大马车运至县古物保存委员会，陈放大殿之中展示。最初称“炉”，后称“鼎”，时代推断为周或殷。

10 月 31 日，为时任国民党主席蒋介石六十寿辰。安阳县参议会拟修建中正亭，将此鼎永留县内。10 月 26 日下午 3 时，驻安阳军事当局总司令王仲廉派员接收该鼎，作为祝寿礼品运往南京。

（二）研究

这一时段，学界依然保持金石学研究传统，新兴的考古学和甲骨学渐具影响。大鼎被收归国有当年即引起学者关注和研究，以先后刊登于《申报》《中央日报》的两篇文章为代表。

1.《安阳探古殷代祭器出土记》（《申报》1946 年 10 月 27 日，第 3 张）

作者邵慎之（1918–1997），江苏常熟人，曾任《兴化公报》《桂林日报》、香港《文汇报》编辑及主笔，《中央日报》《申报》战地特派员。1946 年 10 月上旬，邵氏作为《申报》特派员前往安阳对出土大鼎作实地采访报道，是年 28 岁。

这篇文章是作者在安阳实地考察记，内容涉及安阳当时战争形势，当地人民生活现状，安阳著名的古迹古物。其中“最近出土的祭炉”一段文字记安阳县府秘书长有关大鼎出土情况的口述，有关构造、图案、铸造、释文、商史等作者观察描述与推断，属初步研究范畴。概括如下：

出土地点在武官（村）南。

称名：炉。殷古器。

性质：据甲骨文“子”为正月，正月主祭祀，“子”字遂成为祭器的象形，以器形特征判断此器为殷祭器。

构造：器高三尺二寸、长三尺四寸、宽二尺二寸。铜质，周身绿色铜锈。全器分为二耳、四面、一底、四足十一个部分。耳中空，系焊于体上。器本身看不出有焊接的痕迹。四足中空，上通器底。

图案：器身饰底纹、浮雕、镌纹三层花纹。题材为夔龙纹，分为全龙（器面上缘）、龙首、龙脊，据造型特征分为甲龙（圆耳，见于耳上、器面上缘）、乙龙（尖耳，见于耳上、器面下缘、四足）、丙龙（有角，见于耳下端、四角、器面两侧）三种不同形式。耳上甲、乙两龙或有雌雄之分。底纹为廻龙纹，参照甲骨文“洹”字笔画弯曲状，推测为洹水会意或简化。底隆起两条线，交成“十”字，与器底边框合成“田”字状。

释文：器里面居中处有铭文，释为“后妻戊”三字，因甲骨文人名有并写的习惯也可释“妻戊”两字。受器人为戊太太，铸器人为丈夫（殷王之一）。商王有大戊，或可读为“后戊妻”。

商史：此器所出河亶甲陵一带为殷庙所在。风格持重、镌刻工整，显示农业定居相当久，熔铜工业设备相当有规模，故最早在盘庚以后，此器当在殷末。图案镌刻深度约一厘余，非铁器莫办，或可作殷有铁器的佐证。器一侧面左上角浮雕已损毁，如果不是翻制时所毁，便是在一场大火中烧坏，说不定就是武王伐纣亡殷的大火。

该文显示作者具有一定的金石学基础，对于三代历史文献比较熟悉。研究中所用实地采访与观察，图案解读与相类陶器纹饰和甲骨文字形类比，器物性质与相关甲骨文字义联系等方法，使其所获信息具有较高的参考价值，以此为基础所提出的推论性认识具有启示意义。

其中有些论点具有开创性，如将铭文最上一字首次释“后”，铭文释读提出“后妻戊”“后戊妻”三字和“妻戊”两字方案，对铭文释读探讨具有重要影响。

有些因此器所发论点，虽日后材料证明与器物本身现象形成并无必然联系，但就商史而言确有意义，如该文所提殷有铁器的认识，因1973年至1974年河北藁城商文化遗址出土铁刃铜钺、铁渣、铁矿石等遗物而得到一定程度支持。

2.《安阳武官村出土方鼎铭文考释》（《中央日报》1946年11月17日，第10版）

作者张凤（1887–1966），浙江嘉善人，早年赴法留学获文学博士学位，研究涉及甲骨文、金文、汉晋简牍。是年59岁。

这篇文章是作者在阅读《中央日报》《申报》《大公报》刊发对大鼎相关报道和研究文章后，据报道材料就称名提出的研究性认识。

该文对报道材料中所使用的四种称名提出异议：炉，商周出土铜器未有这样的称名。祭器，名称包含的太广。夔龙宝鼎、衍龙宝鼎，古代祭器不能算是宝贝，报刊照片显示花纹看不清楚，不知是否为夔（衍）龙纹。为慎重起见，只能从形式上来定它的名称为“方鼎”。由于“方鼎”的名称也还嫌太广泛，最好把铭文再冠在上边限制一下。

第一字，释“司”。像耜形（锄头），也像织机上放纱的叉形。象征治理意义，代表职司。

第二字，释“每”，因字通假作“母”。

第三字，像一把长柄大斧，赞同邵氏说法，释为“戊”。

据此主张这器该叫作“司母戊方鼎”，意为当时某人替他母亲戊造的一件祭器。

该文发表日期晚于邵氏文章21天，学术意义在于对大鼎铭文提出“司母戊”释读方案。虽然在此之前已有学者将商卜辞中“司”释读为“司”，意为“祠”（如罗叔言）“祀”，“母戊”为祖甲之配妣戊（如郭沫若），更早的学者将同字形篆书体释为“司”，作职司、治理意（如许慎、阮元、吴大澂等），但释大鼎铭文居上一字“司”像耜形（锄头），也像织机上放纱的叉形，下右字释“每”，借作母，全文释“司母戊”，称名“司母戊方鼎”，这些见解为张氏首发。

从11月24日上午，夏鼐、曾昭燏、傅孟真、王天木、胡适之、杨振声、王雪艇、高晓梅等学者游览南京紫金山后，返中央博物院参观毛公鼎和安阳新出之司母戊大方鼎一事[1]判断，“司母戊方鼎”称名或为中央博物院采用。

综上，这一时段时间不长，发表文章数量较少，披露信息简略，因距大鼎出土时间较近，公布信息的史料参考价值相对较高。研究者主要是记者和古文字学者，其学术素养及治学态度值得称道。由于本时段上限距大鼎出土间隔数年，出土情况又属追记，因此难免留下诸多待解之谜。

二、1949–1977 年

这一时段经历中华人民共和国成立、“无产阶级文化大革命”等特殊的历史事件。大鼎先后为南京博物院、中国历史博物馆收藏并展览陈列。

中国科学院考古研究所在安阳殷墟展开考古调查与发掘工作，与探讨大鼎有关的考古发现有：在武官村北探出了传出司母戊鼎的大墓；苗圃北地和孝民屯铸铜遗址发现熔铜炉，自身设有出铜口，有的还有流道；大方鼎铸范，浇铸大型青铜器的房址[2]。五号墓（又称妇好墓）的发掘[3]等，为探究大鼎出土地点、时代、铭文释读和铸造工艺提供了新的参考材料。

（一）出土

这一时段，郭宝钧《一九五〇年春殷墟发掘报告》（《中国考古学报》第 5 册，1951 年）、平庐《司母戊大鼎（封面说明）》（《大陆杂志》第 2 卷第 5 期，1951 年）、陈梦家《殷代铜器》（《考古学报》第 7 册，1954 年）、胡厚宣《殷墟发掘》（学习生活出版社，1955年）、曾昭燏《〈司母戊鼎〉前言》（《曾昭燏文集》，文物出版社，1999年）不同程度地介绍大鼎出土情况，较前报道信息有所增加或不同。

大鼎出自吴家柏树坟园，村民吴玉瑶田中（或吴姓地主），俗称“马槽鼎”。出土时一耳破碎，当时发掘者没有把碎片拾出。出土后曾拟锯断运出，试之一足，未能锯下。

1946年，被安阳专员赵质臣侦悉，收归公有。因国府主席蒋公诞辰运至南京，交由中央博物院保存。

20世纪50年代初中国科学院考古研究所发掘武官大墓WKGM1，知悉大鼎出土地点在其西南隅约八十公尺处[4]。1959年春对传出大鼎的墓葬进行钻探，确定了大致范围[5]。

（二）研究

新中国成立后，大陆学者以马列主义为指导，套用马克思五种社会形态学说，将夏商周社会定性为奴隶社会，奴隶与奴隶主的矛盾是社会主要矛盾。一部分从旧社会过来的知识分子，在经历社会各种运动改造之后，仍或多或少地保留以往治学方法与传统，从而影响了20世纪50年代以后成长起来的部分青年学者。有学者以殷墟考古材料为基础推出早商文化的新成果[6]。台湾地区学者多延续前辈学者的学术方法与传统，就大鼎研究而言，更多的是古文字学者对铭文释读讨论。

参与大鼎介绍与研究的学者来自古文字学、历史学、考古学、冶金等不同学术领域，以平庐《司母戊大鼎（封面说明）》

（《大陆杂志》，第2卷第5期，1951年），曾昭燏《〈司母戊鼎〉前言》（南京博物院编：《曾昭燏文集》，文物出版社，1999年），陈梦家《殷代铜器》（《考古学报》，第7册，1954年），于省吾《司母戊鼎的铸造和年代问题》（《文物精华》第3集，文物出版社，1964年），杨根、丁家盈《司母戊大鼎的合金及其铸造技术的初步研究》（《文物》1959年第12期），金祥恒《释后》（《中国文字》第3卷，1962年12月）等学术文章为代表，较以往成果有新的补充认识。

1. 奴隶创造，铸造大鼎需要几百甚至上千的奴隶组成数百个小组，使用“将军盔”那样的炼锅，把炽热合金液倾注范中铸成，反映出古代劳动人民的创造智慧（曾昭燏）。

有学者（杨根、丁家盈）推测大鼎的铸造工艺过程采用组芯（泥芯，又称内胎或内范）的造型方法。参照《天工开物》的记载，推断工艺程序为陶土制模（描绘雕刻花纹，焙烧增加坚固程度）；制范（据铸痕推测，鼎身八块，每条足三块，底及内各用四块，焙烧坚固）；在地坑中拼合内模、外范，在范四周填以泥土，焙烧坚固；使用四十个大坩埚熔铜浇入连接鼎足浇口（两个浇口，用一足作为排气冒口，或者鼎底的两道痕迹也可能是排气冒口）的土槽筑成。据鼎耳下部取样进行光谱定性分析和化学分析的沉淀法，测定合金成分铜84.77%、锡11.64%、铅2.79%，另外还有微量的铁、铬、锌、砷、硅、钙等元素，应是铜锡矿石中的杂质。这一合金成分与“六齐”中钟鼎之齐比例接近，较商代早期铜器锡的含量（7.1%）明显提高。

大鼎铸造工作场面大，参与人员多（坩埚150人，加上制范、运输和管理，将近二三百人），需要精密的计算和配合；推测耳、鼎可能是两次铸造；空心足壁与鼎壁厚度接近，使冷却收缩时产生的应力一致，以免连接处开裂，也减轻了重量，节约金属。

随后有学者（于省吾）通过观察，认为鼎腹四面用8块范，底4块范，每足2块范，共计20块范。鼎耳、足约三分之一的最下部分，是单铸后加上去的，不知用范若干块。耳是空心，内有范土。曾被报道的鼎身一侧面右上角有一不规则三角形的铜壁当为补铸痕迹。

文物保护工作主要是对司母戊鼎进行修复，用化学方法处理铜疾（绿色粉锈），仿制装配缺失一耳。

2. 铭文考释，多数学者沿用“司母戊”称名。有主“司”学者认为司作“祭祠”意（平庐）。

台湾学者撰文对将卜辞中“司”释为司，作“祠”意的认识提出反驳，认为当释“后”，意为受祭对象；列举卜辞中“龚后”“后母”“母后”“后癸”“后辛”等辞例作为“司”释为“后”的论据；卜辞、殷周金文或有写作“司”形，是正反书之证，实为一字；认为后字源于石，借石为后，据传世文献《尚书》《左传》《礼记》记载，认为借“后”为皇王帝后之称，遂借为皇妃之后；在有些卜辞中假借为祀，或假作祠。因此，大鼎铭文当释“后母戊”[7]。

笔者按：金祥恒（1918–1989），浙江海宁人，毕业于浙江大学国文系，曾任台湾大学文学院教授，主要从事甲骨文研究。是年 44 岁。《释后》一文，以较为充实的材料为邵慎之首提“后”说做进一步的论证，对“后”说渐起具有较大影响。

另有台湾学者释“母后”，假司为后，作祀之用，为“尊崇”意[8]。

有学者将安阳殷墟五号墓（又称妇好墓）出土部分铜器铭文、石文释“后母辛”“后辛”，并引春秋时叔夷镈讲成汤伐夏后，“后”字也写成“司”，古文字没有左右向的区别为据，认为后字专属于王后，或为武丁之后。据此主张将“后母（女）”合为一字，写作“姤”，作“王后”意。铭文释为“姤戊”“后戊”[9]。

母戊，有学者考之盘庚迁殷后有武丁、祖甲、武乙配名戊者，从字形特征认为是武乙配，文武丁兄弟行为母作器（平庐），或认为也有可能为帝乙配（陈梦家）。有学者提出可能是指武丁的法定配偶，或祖甲的法定配偶，作器者可能为武丁子祖庚、祖甲，或祖甲子廩辛、康（庚）丁[10]；或认为是武丁的配偶妣戊，怀疑是卜辞常见的妇姘[11]。

3. 编年定位，有考古学者依据当时能够见到的殷墟考古材料，首次对殷墟文化进行分期，据青铜器主要纹饰饕餮纹尾部下卷、铭文笔道波磔等特征判断大鼎属于殷墟文化第三期[12]。或因“司母戊”与殷墟五号墓中出土的青铜器铭文“司母辛”书法风格、字体特征、铭文顺序雷同，认为其年代可提到殷墟前期[13]。或认为五号墓中出土的青铜器群并非同时，依时代早晚可以分为三组，在殷墟文化编年中分属二期3组，三期4组、5组[14]。

4. 度量数据，尺寸改为公制单位。重1400多斤（或875公斤稍低、1750斤稍低），连耳高137公分（或132.8厘米、133厘米），长110公分（或116厘米、106厘米），宽77公分（或71厘米、75厘米、75.5厘米、76厘米、78厘米、79厘米），足高46厘米（或47.3厘米、51厘米），足径15厘米（或14.3厘米），足外周径40厘米（下）、61.4厘米（上），壁厚6厘米（或说厚度各部分不同），认为是商鼎中最大最重者。

5. 图案内涵，将以往通称夔龙纹部分改称饕餮纹（平庐）、兽面纹（于省吾），部分纹饰具体识为虎（平庐、曾昭燏、于省吾），牛首（平庐），蚕纹（平庐），带羊角的兽面纹（曾昭燏），鱼纹（于省吾、曾昭燏），蝉纹（平庐）。以往所称龙脊改称棱（平庐），直棱（曾昭燏），翅（俗称腓子，于省吾）。

综上，这一时段有关大鼎的度量、图案和铭文的认识较以往具体深入，首次依据殷墟文化分期排定大鼎的编年位置，通过观察和科技手段探讨铸造工艺开拓了大鼎研究路径。参与研讨大鼎的研究者群来自古文字学、考古学、历史学、冶金等学术领域，多学科联合研讨大鼎的学术问题，为相关研究打下良好的基础。

三、1978 年至今

这一时段，在改革开放的形势下，提倡实事求是，解放思想。恢复高考制度后培养出来的一批学者渐居学术主导地位。大鼎为中国历史博物馆（现中国国家博物馆）收藏和展览陈列。

中国社会科学院考古研究所继续在安阳殷墟展开考古调查与发掘工作，与探讨大鼎有关的考古工作有清理发掘传出大鼎的墓。

（一）出土

这一时段补充介绍大鼎出土信息的文章较多，以张恩言《国宝罹难录——殷墟司母戊方鼎出土前后》（《中州今古》1984 年第 2 期），杨小林《司母戊鼎访谈纪实》（《中国文物科学研究》2006 年第 3 期）为代表，增加细节或不同信息。

增加吴希增探出大鼎，先后有 20–40 余人参与挖掘，区公所用两个排的兵力保护挖掘现场。盗坑尺寸长6尺、宽2尺、深10米左右。大鼎口朝东北，足向西南，斜横在泥水里，只存一耳。或推测认为，安阳殷墟王陵在早期盗掘时因鼎太重而未能盗走，但被截去一耳[15]。

古董商萧寅卿以20万银圆唆使村民分解大鼎，村民尝试用60根钢锯条和锤砸，最终只砸下鼎耳，未能分解鼎体。

吴培文在自家院内转移埋藏地点。日伪闻讯数次搜查，日军搜查兵力的人数、车辆及武器配备。搜查过程中刮起大风，吴培文借口为病人买药脱身。

王仲廉因献鼎遭蒋介石责骂并被禁闭三天。

1984年9月至12月，中国社会科学院考古研究所安阳工作队清理发掘传出大鼎的墓（编号84AWBM260）[16]，发现从商末周初到现代的6个盗坑中，大部分随葬品已被窃走。有学者根据墓中检测金属元素，判断墓中应随葬有大量青铜器[17]。有学者称该墓为“司母戊”墓[18]。

（二）研究

参与大鼎研究的学者来自古文字学、历史学、考古学、物理、冶金等不同学术领域，探讨凸显三个主题。

1. 铸造工艺与保护，冯富根等学者采用观察和使用X光探伤仪透视的方法推断：

制范，4块腹范（每一面为一个整范内嵌6块分范，共24块分范），鼎腹与足为同一块范，顶部可能为4块范。内腔应使用整块泥芯和底范连接成一体。浇口范 4 块。范外用草拌泥加固。铸型时，以长方形泥片起芯撑作用。

浇铸，三足为浇口，一足为排气口。对以往使用数以百计的奴隶协作使用“将军盔”炼锅浇铸大鼎的认识提出质疑，根据考古发现材料，提出用直径约 80 厘米的大型熔炉 6 座浇注即可完成。鼎体补铸部分因泥范未烘透，有较多的缩孔，质较疏松。鼎耳是在鼎身铸成后在上安模、翻范铸成。铸造这样一件大鼎所用金属料可达 1200 公斤[19]。

万家保认为，判断用范块数应以范线分布为准；大鼎的长边可能系中分的 2 块范组成，以使变形较小；鼎耳是和鼎身一次铸造而成；扉棱是由范线演变而成。铸造大鼎需要 1500 公斤以上的青铜[20]。

宋淑悌据 X 光检测资料观察结果，支持冯富根等学者对大鼎用范、耳身铸造关系作出的推测，指出冯富根等学者因未辨清 X 光片正反方向而将补铸部分与原壁特征颠倒的现象。

补充认识，双耳用范 14 块。足上补铸分别用范 2 或 3 块。新发现足为有间隔两段空腔，下端一段空腔中填充泥范芯土，取出一足中泥芯土重量为 766 克。四足上下空腔高度和内径各不相同，应与浇铸有关。浇铸时，以一足为浇口，其余三足为排气口。范间使用纯铜垫片。大鼎微观结构缩孔密集，质地疏松，大概因浇铸时排气不畅，熔炼时混入较多杂质所致。

总结铸造工序为，事先精密设计、制模、制范、装配型范、熔铜和浇注（使用至少可熔铜 200 公斤的大坩埚 6 个）、补铸、铸耳[21]。

也有学者认为大鼎耳、身、足先分铸附件，再合铸成一个整体[22]。董亚巍先生据 2012 年湖北鄂州市博物馆与北京联合大学合作对商晚期方鼎进行的模拟实验，通过对司母戊鼎的观察认为：造型工艺与其他方鼎同；模范为原始机械造型，分型制模；包括四足在内的四面范对合范包，两块腹芯；耳（为减少制范高度）分铸组装；浇铸口设在底部十字凸棱正中部，只需一个熔炉浇铸即可（减少出问题的几率）；足（弥补长度不够）、腹（铸造缺陷及填补芯撑槽）存在补铸现象；估计化铜近 2 吨，大鼎重量应在 1 吨以上[23]。

文物保护工作者据大鼎足采样检测，结果显示锈蚀产物的主要物相为氯铜矿、副氯铜矿、赤铜矿、孔雀石和锡石等，其中氯铜矿、副氯铜矿为青铜器腐蚀过程中衍生的有害锈，建议采用密封柜单独保存，置于湿度低于 35% 的环境，以防锈蚀蔓延[24]。

2. 考古学编年，有学者认为大鼎属于殷墟文化二期[25]，理由是司母戊鼎造型与铭文特征同于殷墟五号墓出土同类器，殷墟五号墓时代被中国社会科学院考古研究所安阳考古工作队学者定为殷墟文化二期[26]。

3. 称名讨论，主“司”学者或将司作配偶（妃）解[27]，或认为司即嗣[28]；或将“司母（女）”合为一字“姛”，指女子之尊长[29]，或认为指出身于司氏族之妇人[30]。

2011 年，中国国家博物馆在“中国古代青铜器艺术”展览介绍中以“后母戊鼎”称名大鼎，引起社会不同反响。有学者专文商榷，以曹定云《“司母戊鼎”不可更名为“后母戊鼎”》（《中国社会科学报》2012 年 2 月 27 日，A–07），葛英会《商代大鼎的“司”、“后”之争》（《殷都学刊》2012 年第 1 期），常玉芝《是“司母戊鼎”还是“后母戊鼎”——论卜辞中的“司”、“毓”》（《中原文化研究》2013 年第 1 期）等学术文章具有代表性，主张商代卜辞、金文中出现的“司”“后”是一个字。从字形结构、造字本义、辞例分析，当释“司”。在相关辞例中主要用作祠、祀（祭祀）或嗣意。释“后”（王后意），则有些辞例讲不通，如“后父”（《甲骨文合集》21691、19207、22083 甲、乙），“后犬”（《甲骨文合集》20367），“后羌”（《甲骨文合集》19863）等。商代无“后”字。商代卜辞中有“毓”字，本义指生育，引申义指先公先王或表“後”意。“后”（王后意）字出现，时在周代。

4. 有学者据在孝民屯遗址发现大型圆形范芯座、大型圆鼎足陶模[31]，逻辑推测其可能并非商代青铜器最大最重者[32]。

综上，这一时段虽然有关大鼎出土详情介绍文章较多，但多未标注信息来源出处，又因采访当事人有限，相互转抄中出现差异和传讹，故不宜视为定论。比较而言，有关大鼎的探讨重点在于铸造工艺和铭文释读，前者为观察推测，后者属于探讨，均属有待实践检验的认识。

四、几点认识

笔者初览学界有关大鼎研究历程，概括如下几点认识。

1. 大鼎以恢宏的体量、繁缛的纹饰、庄严的气势，堪称目前出土的青铜时代第一鼎。这件商代晚期的青铜重器，是商王室王权象征和当时生产力水准的代表。

2. 综合有关大鼎出土与辗转等信息，大致理出基本脉络：

1939 年 3 月，安阳武官村民在商王陵区一带发现大鼎并挖掘出土，为方便外运曾尝试分解，双耳断损，后复埋于地下。日伪闻讯追索，终未得逞。1946 年 7 月，被县府收归国有，10 月 26 日运往南京。

至于出土与辗转过程中涉及的具体时间、地点、人物、事件等信息，因存有差异，需详加考证。

3. 学界对于大鼎铭文的考释、纹饰解读、铸造工艺、考古学分期所提认识，涉及商代王世、祭祀制度、手工业生产、相对年代等众多疑难问题。目前学界在大鼎属于商代晚期，商王为其母作器，用模范铸造等方面取得共识，对铭文释读、铸造工艺、考古学分期等具体问题仍存不同见解，显示有关大鼎的研究具有持续性。

4. 由于大鼎至今仍存诸多之谜，学者须从基础材料梳理和基本信息分析做起，做到言之有据、信而有征，不断接近历史的真实。

注释

1 《夏鼐日记》卷 4，华东师范大学出版社，2011 年，第 81 页。

2 中国科学院考古研究所安阳发掘队：《1958–1959 年殷虚发掘简报》，《考古》1961 年第 2 期。中国社会科学院考古研究所编著：《殷墟发掘报告 1958–1961》，文物出版社，1987 年。

3 《安阳殷墟五号墓座谈纪要》，《考古》1977 年第 5 期。

4 郭宝钧：《一九五〇年春殷墟发掘报告》，《中国考古学报》第 5 册，1951 年。

5 中国社会科学院考古研究所安阳工作队：《安阳武官村北的一座殷墓》，《考古》1973 年第 3 期。

6 邹衡：《试论殷墟文化分期》，《北京大学学报》（人文科学）1964 年第 4、5 期。

7 金祥恒：《释后》，《中国文字》第 3 卷，1962 年 12 月。

8 丁骕：《说后》，《中国文字》第 7 卷第 31 册，台湾大学文学系编印，1969 年。

9 《安阳殷墟五号墓座谈纪要》唐兰发言，《考古》1977 年第 5 期。

10 杨锡璋、杨宝成：《从商代祭祀坑看商代奴隶社会的人牲》，《考古》1977 年第 1 期。

11 《安阳殷墟五号墓座谈纪要》唐兰发言，《考古》1977 年第 5 期。

12 邹衡：《试论殷墟文化分期》，《北京大学学报》（人文科学）1964 年第 4、5 期。

13 《安阳殷墟五号墓座谈纪要》杜廼松发言，《考古》1977 年第 5 期。
14 《安阳殷墟五号墓座谈纪要》邹衡发言，《考古》1977 年第 5 期。
15 中国社会科学院考古研究所：《殷墟的发现与研究》，科学出版社，1994 年。
16 中国社会科学院考古研究所安阳工作队：《殷墟 259、260 号墓发掘报告》，《考古学报》1987 年第 1 期。
17 申斌：《司母戊大鼎埋藏位置初探》，《殷都学刊》1986 年第 3 期。
18 杨宝成：《安阳市殷墟王陵区司母戊墓及其他墓葬》，《中国考古学年鉴 1985》，文物出版社，1985 年。
19 冯富根、王振江、白荣金、华觉明等：《司母戊鼎铸造工艺的再研究》，《考古》1981 年第 2 期。
20 万家保：《商代几件大青铜方鼎铸造方法的商榷——兼评〈司母戊鼎铸造工艺的再研究〉》，《大陆杂志》第 63 卷第 4 期，1981 年。
21 宋淑悌：《司母戊鼎的 X 光检测及其铸造工艺》，《东南文化》1998 年第 3 期。
22 金景芳：《中国奴隶社会史》，上海人民出版社，1983 年。朱凤瀚：《古代中国青铜器》，南开大学出版社，1995 年。
23 董亚巍：《从范铸结构看司母戊鼎的范铸工艺》，《文物鉴定与鉴赏》2012 年第 10、11、12 期。
24 韩英、杨小林、马燕如：《后母戊鼎西南足腐蚀产物物相分析》，《中国国家博物馆馆刊》2013 年第 7 期。
25 杜廼松：《司母戊鼎年代问题新探》，《文史哲》1980 年第 1 期。
26 中国社会科学院考古研究所编著：《殷墟妇好墓》，文物出版社，1980 年。
27 张亚初：《对妇好之好与称谓之司的剖析》，《考古》1985 年第 12 期。
28 曹定云：《“司母戊鼎”不可更名为“后母戊鼎”》，《中国社会科学报》2012 年 2 月 27 日，A-07。
29 裘锡圭：《说㚸》，《古文字与古代史》第 2 辑，中央研究院历史语言研究所，2009 年。

30 林巳奈夫提出此识，见朱凤瀚：《论卜辞与商金文中的“后”》，《古文字研究》第 19 辑，中华书局，1992 年。

31 王学荣、何毓灵：《安阳殷墟孝民屯遗址的考古新发现及相关认识》，《考古》2007 年第 1 期。殷墟孝民屯考古队：《殷墟孝民屯大面积发掘的重要收获》，《中国文物报》2005 年 6 月 15 日，第 1 版。

32 彭安保：《司母戊鼎是最大的青铜器吗？》，《中华遗产》2010 年第 6 期。

司母戊鼎铭文释读方案

在司母戊鼎腹壁内侧，铸有一处呈“品”字形分布的铭文。从1946年始，学者对大鼎铭文提出多种释读方案。

一、释字

释字是解读铭文的基础。学者相关释字认识依字数不同分为两个方案。

1. 三个字，呈“品”字形分布。

居上一字，商代甲骨卜辞多见，学者释为两个不同的字。

（1）释“后”，此识最早在20世纪40年代由邵慎之先生提出，将“后”意理解为“王”[1]。

20世纪60年代，金祥恒先生进一步论证，认为卜辞中有

“后”，如“龚后”“后母”“后辛”等，卜辞、殷周金文或有写作“司”形，是正反书之证，实为一字。后字来源为借石为后，据周代传世文献（如《尚书》《左传》《礼记》）记载，遂借为皇妃之后[2]。也有学者认为借司为后，作祀之用，表尊崇意[3]。

20世纪70年代，有学者将安阳殷墟五号墓（又称妇好墓）出土部分铜器铭文、石文释“后母辛”“后辛”，并引春秋时叔夷镈讲成汤伐夏后，“后”字也写成“司”，古文字没有左右向的区别为据，认为后字专属于王后，或为武丁之后[4]。

观察汉代及之前周代文献与文字中的“后”意：

汉代许慎《说文解字·九上·后部》：“后，继体君也，像人之形，施令以告四方，故厂之从一口，发号者君后也。”后指具有权威的君王。

周代文献《尚书·汤誓》中“我后不恤我众”，后指夏后。《礼记·曲礼》中“天子之妃曰后”，《周礼·春官》中“王后之五路”，后指周王配偶至尊者。

周代金文“虔敬乃后”（吴王光鉴），后指祖先神。“王后”“大后”（兆域图），后指王之配偶至尊或其母。

商代甲骨文、金文中是否有“后”，有学者认为商代卜辞中有“毓”字，本义指生育，引申义指先公先王或表“後”意。由“毓”讹变成“后”（王后意），时在周代[5]。

商代甲骨文、金文中“司”是否可以释“后”，有学者指出如释“后”（王后意或尊崇意），则卜辞中有些辞例讲不通，如“后父”（《甲骨文合集》21691、19207、22083 甲、乙），“后犬”（《甲骨文合集》20367），“后羌”（《甲骨文合集》19863）等[6]。

商代卜辞显示，商王称王。商王配偶称妇，以“妇□”显示取自不同地域（族、方国），其中有“王妇”之称。“多妇”受商王支配，参与部分王室事务，如管理卜骨整治，参与部分祭祀、生产活动、随军出征等[7]。

据此判断，将商代甲骨文、金文“司”释“后”的文献依据限于周代，尚不能以此断言商代后制，因此不能视为定论。

（2）释“司”，就大鼎铭文而言，此识最早在 20 世纪 40 年代由张凤先生提出，以“司”字形像耜形或织机上的叉形，象征治理意，理解为职、典司、官司、有司管理意[8]。继有学者将“司”作祭祀意[9]，或将司解为妃，作配偶意[10]。

学者将此字释为“司”与治意联系，定为官名的认识可追溯至清人阮元[11]。此后，有学者从字形结构、造字本义、辞例分析，认为其字上部为柶（匕）初文、下从口，为祭祀意，当释“司”[12]。在相关辞例中主要用作祠、祀（祭祀）、嗣、人名等意[13]。

观察汉代及之前周代文献与文字记载中的“司”意：

汉代许慎《说文解字·九上·后部》：“司，臣司事于外者，从反后”。

周代文献、金文中“司”多为职司意，如司马、司徒、司寇、司刑、司乘。

周代文献《尚书·高宗肜日》“王司敬民”，《荀子·哀公》“若天之嗣”，显示司、嗣可通[14]。

商代甲骨文“司”或写作“后”，是一个字的正反向两种不同书体，其中以“司”写法多见（不少于70%）。商代卜辞中“司工”显示有职司意。相关卜辞内容多涉及燎、侑、岁、御、报等祭祀活动，卜辞中“王二十司”（《甲骨文合集》36855）与“王二十祀”（《甲骨文合集》36855），显示“司”与“祀”通[15]。

笔者以为，将商代甲骨卜辞中“司”，在不同卜辞文例中分别作祀、年、职司意，释读较为通畅。

下右一字，商代甲骨卜辞、金文多见，学者释为三个不同的字。

（1）释“妻”，此释最早在20世纪40年代由邵慎之先生提出，意为殷王之妻[16]。

（2）释“每”（母），此释最早在20世纪40年代由张凤先生提出，因字通借作“母”[17]。迄今，学者多从“母”。

（3）释“女”，在商代卜辞、金文中相类字形较多，因胸部无点与有点的母字存有区别，有学者释为“女”[18]。

汉代许慎《说文解字·十二下·女部》：“母，牧也，从女象裹子形，一曰象乳子也”，“女，妇人也象形”。可见，汉代所言“女”泛指妇人，而“母”则指哺乳期女性。据此判断，此字释女也不无道理。

下左一字，商代甲骨卜辞、金文多见，学者释像一把长柄大斧，释为“戊”[19]。迄今学者从之。

2. 两个字，将居上一字“司”和居右下“女”视作一个字。

（1）释“姛”，意指女子之尊长意[20]，或指出身于司氏族之妇人[21]。

（2）释“姤”，同后，作王后意[22]。

商代甲骨卜辞中有司、女合文字例，写作“”（《甲骨文合集》36175、36176、38729），集中出现于甲骨文5期，释为“姛”，作人名意指妇。笔者注意到，商代卜辞中存有“司女（母）”，见于甲骨文1、3、5期，以3期多见，“司”作祭祀意。由于“司”与“姛”在甲骨卜辞中集中出现时代及辞意不同，在大鼎铭文中“司母（女）”也非合文形式，因此不宜将两者不加区分地视为等同。

下左一字，释为“戊”。

二、释文

迄今所见释文依释字数不同分两个方案。

1. 三字释文，依据上一字释读不同而释文不同。

（1）释“后”，依字序不同释文有所区别。

读字序由上字→下右字→下左字，释文“后妻戊”[23]。后有学者释文“后母戊”[24]。后指王后，或尊崇意。母指商王的母亲，戊指王后的庙号。

读字序由上字→下左字→下右字，释“后戊妻”。“后戊”意为殷王大戊，妻指大戊配偶[25]。

读字序由下右字→上字→下左字，释文“母后戊”[26]。后指王后，母指商王的母亲，戊指王后的庙号。

（2）释“司”，读字序由上字→下右字→下左字，释文“司母戊”[27]。

2. 两字释文，将右下字视为“女”旁与上一字合为一个字。读字序自右向左释文。

（1）“妻戊”，意为商王大戊妻[28]。

（2）“姤（后）戊”，姤（后），专属于王后[29]。

（3）“㚸戊”[30]。㚸指女子之尊长意。清代学者孙诒让释㚸为姒[31]，吴大澂释㚸、司、始、姒为长妇[32]。

商代卜辞中存有“司戊”“司辛”“司癸”等辞例，“司”指祭祀，与“㚸”意有所不同。

三、涉及人物

如果铭文左下一字学者释“戊”，指受祭者的庙号，周祭排序在戊日。学者对“戊”指代人物认识不同：

1. 受祭者

（1）指商王，大戊[33]。

（2）指商王配偶王后。武丁后[34]，或武乙配偶[35]。参照商代周祭制度研究成果[36]知，受祭者应为商王所奭妣戊有四位：大丁奭妣戊，武丁奭妣戊，祖甲奭妣戊，武乙奭妣戊。

参照《史记·殷本纪》记商王世系十七世三十一王和商文化编年判断，大丁、大戊均属商代前期，而大鼎考古学文化编年属于商代晚期，故可以排除。

2. 作器者

学者推断该器是妣戊子祭祀其母之器，作器者有三种选择：武丁子祖庚、祖甲[37]，祖甲子廪辛、康（庚）丁，武乙子文丁[38]。

迄今所见，学者对大鼎属于殷墟文化二期[39]或殷墟文化三期[40]存有认识分歧，如果大鼎属殷墟文化二期，则作器者可考虑商王祖庚、祖甲；如果大鼎属殷墟文化三期，则作器者应考虑为廪辛、康（庚）丁、文丁。

综上所述，笔者认为对大鼎铭文字数、释读及人物推断仍具持续深入讨论的余地。

注释

1 邵慎之：《安阳探古殷代祭器出土记》，《申报》1946 年 10 月 27 日，第 3 张。

2 金祥恒：《释后》，《中国文字》第 3 卷，1962 年 12 月。

3 丁骕：《说后》，《中国文字》第 7 卷，第 31 册，台湾大学文学系编印，1969 年。

4 《安阳殷墟五号墓座谈纪要》唐兰发言，《考古》1977 年第 5 期。

5 王国维：《殷卜辞中所见先公先王续考·多后》，《观堂集林》1959 年版，1994 年北京第 6 次印刷本，第 441 页。常玉芝：《是“司母戊鼎”还是“后母戊鼎”——论卜辞中的“司”、“毓”》，《中原文化研究》2013 年第 1 期（创刊号）。

6 常玉芝：《是“司母戊鼎”还是“后母戊鼎”——论卜辞中的“司”、“毓”》，《中原文化研究》2013 年第 1 期（创刊号）。

7 参见齐文心：《“妇”字本义试探》，《纪念殷墟甲骨文发现一百周年国际学术研讨会论文集》，社会科学文献出版社，2003 年。徐义华：《甲骨刻辞诸妇考》，《殷商文明暨纪念三星堆遗址发现七十周年国际学术研讨会论文集》，社会科学文献出版社，2003 年。

8 张凤：《安阳武官村出土方鼎铭文考释》，《中央日报》1946 年 11 月 17 日，第 10 版。

9 平庐：《司母戊大鼎（封面说明）》，《大陆杂志》第 2 卷第 5 期，1951 年。于省吾：《司母戊鼎的铸造和年代问题》，《文物精华》第 3 集，文物出版社，1964 年。

10 张亚初：《对妇好之好与称谓之司的剖析》，《考古》1985 年第 12 期。

11 转见周法高主编：《金文诂林》第 11 册卷 9。

12 朱芳圃（周法高《金文诂林》）、徐中舒（《甲骨文字典》）、党相魁（《中国文字博物馆》2011 年第 1 期）。

13 郭沫若：《卜辞通纂》，科学出版社，1978年。曹定云：《"司母戊鼎"不可更名为"后母戊鼎"》，《中国社会科学报》2012年2月27日，A-07。常玉芝：《是"司母戊鼎"还是"后母戊鼎"——论卜辞中的"司"、"毓"》，《中原文化研究》2013年第1期（创刊号）。

14 高亨纂著、董治安整理：《古字通假会典》，齐鲁书社，1989年，第411页。

15 郭沫若已经指出两字通假现象，见《卜辞通纂》，科学出版社，1978年。

16 邵慎之：《安阳探古殷代祭器出土记》，《申报》1946年10月27日，第3张。

17 张凤：《安阳武官村出土方鼎铭文考释》，《中央日报》1946年11月17日，第10版。

18 中国科学院考古研究所编辑：《甲骨文编》，中华书局，1965年，第468页、471页。陈梦家：《殷墟卜辞综述》，中华书局，1988年。

19 邵慎之：《安阳探古殷代祭器出土记》，《申报》1946年10月27日，第3张。张凤：《安阳武官村出土方鼎铭文考释》，《中央日报》1946年11月17日，第10版。

20 裘锡圭：《说㚸》，《古文字与古代史》第2辑，中央研究院历史语言研究所，2009年。

21 林巳奈夫提出此识，见朱凤瀚：《论卜辞与商金文中的"后"》，《古文字研究》第19辑，中华书局，1992年。

22 《安阳殷墟五号墓座谈纪要》唐兰发言，《考古》1977年第5期。

23 邵慎之：《安阳探古殷代祭器出土记》，《申报》1946年10月27日，第3张。

24 金祥恒：《释后》，《中国文字》第3卷，1962年12月。

25 邵慎之：《安阳探古殷代祭器出土记》，《申报》1946年10月27日，第3张。

26 张桂光：《"母后戊"方鼎及其它》，《华南师范大学学报》1985年第3期。

27 张凤：《安阳武官村出土方鼎铭文考释》，《中央日报》1946 年 11 月 17 日，第 10 版。
28 邵慎之：《安阳探古殷代祭器出土记》，《申报》1946 年 10 月 27 日，第 3 张。
29 《安阳殷墟五号墓座谈纪要》唐兰发言，《考古》1977 年第 5 期。
30 裘锡圭：《说㚸》，《古文字与古代史》第 2 辑，中央研究院历史语言研究所，2009 年。
31 孙诒让：《古籀拾遗·古籀余论》，中华书局，2005 年第 2 次印刷本，第 4 页。
32 吴大澂：《说文古籀补》，中华书局，1988 年。
33 邵慎之：《安阳探古殷代祭器出土记》，《申报》1946 年 10 月 27 日，第 3 张。
34 杨锡璋、杨宝成：《从商代祭祀坑看商代奴隶社会的人牲》，《考古》1977 年第 1 期，提出这种可能性。金祥恒：《后母戊大方鼎之为武丁后考》，《台湾大学中文学报》1985 年第 11 期，该文予以明确。
35 于省吾：《司母戊鼎的铸造和年代问题》，《文物精华》第 3 集，文物出版社，1964 年。
36 陈梦家：《殷墟卜辞综述》，中华书局，1956 年。
37 杨锡璋、杨宝成：《从商代祭祀坑看商代奴隶社会的人牲》，《考古》1977 年第 1 期，提出这种可能性。杜迺松：《司母戊鼎年代问题新探》，《文史哲》1980 年第 1 期，该文予以明确。
38 陈梦家：《殷代铜器》，《考古学报》第 7 册，1954 年。
39 杜迺松：《司母戊鼎年代问题新探》，《文史哲》1980 年第 1 期。
40 邹衡：《试论殷墟文化分期》，《北京大学学报》（人文科学）1964 年第 4、5 期，收入邹衡：《夏商周考古学论文集》，文物出版社，1980 年。

司母戊鼎更名现象观察

学界对1939年安阳出土商代大鼎铭文中的“后”（商王配偶、王后意）、“司”（治理、祭祀、嗣等意）之见，始于20世纪40年代[1]。至2010年，相继收藏该鼎的中央博物院筹备处[2]、南京博物院[3]、中国历史博物馆[4]、中国国家博物馆延续采用“司”说[5]。虽然学者从“司”者众，但“后”说亦因部分学者坚持而渐具影响（表三、表四）。2010–2011年，中国国家博物馆在图录和展览中将以往曾称名“司母戊鼎”更名为“后母戊青铜方鼎”“后母戊鼎”[6]，引起社会较为强烈的反响。笔者试观察更名缘由及意义，略述浅见。

表三　至 2010 年社会（学界）对 1939 年安阳出土商代大鼎铭文“后”“司”说择用示意

称名 年代	后（妻、母）戊	司（母）戊
20 世纪 40 年代	后妻戊 邵慎之释（《申报》1946）	司母戊 张凤释（《中央日报》1946） 从“司”学者：夏鼐等
20 世纪 50 年代		见于博物馆展览，学术刊物（如《中国考古学报》1951、《大陆杂志》1951），学术论著（如《殷墟卜辞综述》1957、《殷周青铜器通论》1958），科普读物（如《殷墟发掘》1955） 从“司”学者：董作宾、郭宝钧、容庚、曾昭燏、翦伯赞、陈梦家、胡厚宣等
20 世纪 60 年代	后母戊 金祥恒释（《中国文字》1962） 母后（戊） 丁骕释（《中国文字》1969）	见于博物馆展览，学术刊物（如《文物精华》1964），报刊（如《郑州晚报》1964），大学教材（如《中国史稿》1962），邮票（如《殷代铜器》1964） 从“司”学者：于省吾、邹衡、安志敏、陈志达等
20 世纪 70 年代	见于工具书（如《辞海》1979），教材（如初中历史课本 1978） 从“后”学者：唐兰等	见于博物馆展览，工具书（如《辞海》1979），教材（如初中历史课本 1978、大学教材《中国古代史》1979、《中国史纲要》1979、《商周考古》1979），科普读物（如《殷墟奴隶社会的一个缩影》1976） 从“司”学者：吴荣曾、詹子庆、万家保、张光直、史树青等

（接上表）

20 世纪 80 年代	见于学术刊物（如《华南师范大学学报》1985），学术工具书（如《金文著录简目》1981），科普读物（如《中国古代史常识》专题部分 1980） 从“后”学者：孙稚雏、李学勤、张桂光等	见于博物馆展览，学术论著（如《殷墟发掘报告》1987），学术工具书（如《金文编》1985、《中国大百科全书·考古卷》1986），教材（如《中国古代史纲》1985），科普读物（如《中国文物之最》1987），文学作品（如《中国历史四字歌》1982） 从“司”学者：金景芳、林巳奈夫、马承源、张亚初、张传玺、张长寿、杜廼松、许顺湛、杨锡璋、杨宝成、罗福颐等
20 世纪 90 年代	见于学术论著（如《中国青铜器概说》1995），科普读物（如《中国文物鉴赏辞典》1991） 从“后”学者：朱凤瀚、曾文清等	见于博物馆展览，学术刊物（如《商周金文录遗》1993），学术工具书（如《中国大百科全书》美术卷 1991、文物博物馆卷 1993、中国历史卷 1994，《中国青铜器全集》1997），科普读物（如《殷墟发掘记》1996），文艺作品（如史诗舞剧《甲骨神韵》1999） 从“司”学者：晁福林、黄展岳、杨升南、段振美、卢连成等
2000–2010 年	学术讲座（如系列学术讲座 2009），学术论著（如《夏商周社会生活史》2005） 从“后”学者：郑慧生、宋镇豪、牛世山等	见于博物馆展览，学术讲座（如文物名家讲堂 2008），学术工具书（如《中国考古学·夏商卷》2003），申遗材料（如《世界遗产公约申报世界文化遗产：中国殷墟》2001），科普读物（如《中国文物大典》2001），影视作品（如《家在洹上》2009），注册商标 2007 从“司”学者：石璋如、伊藤道治、安金槐、陈志达、李朝远、周亚、孙华、尹盛平、江伊莉、李玉洁、岳洪彬、严志斌等

说明：表中显示学者主张只列先出时代，更名单位学者未列其中。

表四　至 2010 年社会（学界）对 1939 年安阳出土商代大鼎铭文“后”“司”说择用比例示意（%）

称名 / 年代	后（妻、母）戊	司（母）戊	个案数
20 世纪 40 年代	33.3	66.7	3
20 世纪 50 年代		100	8
20 世纪 60 年代	22.2	77.8	9
20 世纪 70 年代	15.8	84.2	19
20 世纪 80 年代	10.6	89.4	47
20 世纪 90 年代	16.7	83.3	30
2000—2010 年	14.3	85.7	77

说明：数据依笔者自然阅读见于学术书刊文字的 193 例个案得出。同时代同一作者只参与统计 1 次。同一论著合作者按 1 人次参与统计。

一、更名反响

2011 年以来，社会（学界）对“司母戊鼎”更名“后母戊鼎”存有不同认识（表五）：赞同者认为属于正名[7]，或认为不能改而仍错[8]；不赞同者或认为旧说依然行得通[9]，或认为有关争议学界没有定论[10]，或认为更名缺乏文字学依据[11]，或认为不能更名[12]；调和者认为两说都可以接受[13]；思虑者表示对一个知名度很高的文物进行更名还是应适当考虑大众的感受[14]。在相关学术活动中，部分兼及商史、甲骨文、商代考古学术研究领域的学者也表达了不同意见。

1. 思辨堂。2011 年 11 月 4 日上午，来自中国社会科学院历史研究所、北京大学考古文博学院、中国国家博物馆、安阳市不同单位的部分专家学者，在安阳市政协“思辨堂”就“后”“司”之辨展开学术讨论。赞同者认为学术研究应实事求是，知错就改。不赞同者认为，学术意义上不敢说读“司”就一定错，既然这样就没有必要改，改了会带来一连串不必要的社会问题。有学者认为对文物更名应有一套公认的程序[15]。

2. 傅说文化论坛。2011 年 12 月 10 日上午，“殷商文明暨傅说文化研究高端论坛”在安阳召开。下午，在殷商文明研究小组研讨会上，多位学者在发言中对将“司母戊鼎”更名为“后母戊鼎”表示不同意见。会后，部分发言学者将其观点撰写成文，在学术刊物上公开发表[16]。综合诸文主要论点：

（1）商代卜辞、金文中出现的“司”“后”是一个字。从字形结构、造字本义、辞例分析，当释“司”。在相关辞例中主要用作祠、祀（祭祀）或嗣意。

（2）如释“后”（王后意）则有些辞例讲不通，如“后父”（《甲骨文合集》21691、19207、22083 甲、乙），“后犬”（《甲骨文合集》20367），“后羌”（《甲骨文合集》19863）等。

（3）商代无“后”字。商代卜辞中有“毓”字，本义指生育，引申义指先公先王或後。“后”（王后意）字的出现，时在周代。

事实上，2011年以来，社会（学界）对“后”“司”说择用分歧依然明显（表五）。虽然“司”说择用比例仍然高于“后”说，但“后”说择用比例较前明显提高（表六）。

表五　2011年以来社会（学界）对“司母戊鼎”更名“后母戊鼎”反响示意（%）

赞同	不赞同	调和	思虑	个案数
23.5	58.8	5.9	11.8	17

说明：数据依笔者至2016年自然阅读见于学术书刊文字的17例个案统计得出。同一作者只参与统计1次。更名单位作者主张未加入统计。

表六　2011年以来社会（学界）对“后（母）戊”“司（母）戊”说择用比例示意（%）

后（母）戊	司（母）戊	个案数
35.1	64.9	37

说明：数据依笔者至2016年自然阅读见于学术书刊文字的37例个案统计得出。同一作者只参与统计1次。更名单位作者主张未加入统计。

二、更名缘由

对于来自社会有关更名的不同认识，笔者认为观察更名背景、理由和意义是判断更名说服力的有效方法。

1.“后”说影响

虽然社会对“司母戊鼎”称名的认知度较高，但“后”说一直并存且有两例学术成果促其影响渐增。

第一例，20 世纪 60 年代，有学者对“后”说作进一步论证[17]。主要论点是，卜辞有“后”（如“龚后”“后母大室”“后母”“后辛”“后癸”等），卜辞、殷周金文或有写作“司”形，是正反书之证，实为一字。据传世文献（如《尚书》《左传》《礼记》）记载，认为借“后”为皇王帝后之称，遂借为皇妃之后。

第二例，20 世纪 70 年代，有学者将安阳殷墟五号墓（又称妇好墓）出土部分铜器铭文、石文释“后母辛”“后辛”，并引春秋时叔夷镈讲成汤伐夏后，“后”字也写成“司”，古文字没有左右向的区别为据。认为后字专属于王后，或为武丁之后[18]。

虽然这件称名“司母戊”的商代大鼎，1959 年入藏中国历史博物馆并作为“中国通史陈列”展示商代历史具有代表意义的一件重要展品，至 21 世纪初这一称名已经沿用约 60 年，但上述两例学术成果对中国历史博物馆、中国国家博物馆部分学者产生了影响。

2. 更名理由

有材料显示，中国国家博物馆部分学者主张“后母戊鼎”称名的理由源出前述两例学术成果，概括为三点[19]：

理由一，“后”是指母戊的身份。称“后”代表她为“商王之后”。

理由二，以20世纪70年代安阳五号墓（又称妇好墓）出土部分铜器铭文、石文，有释“后母辛”“后辛”例证，支持“后”说。

理由三，商代文字的写法有时向左向右可以相通。

观察上述理由：

理由一，应对前述傅说文化论坛部分学者提出论点（1）、（2）、（3）做出有说服力的答辩。

理由二，虽然20世纪70年代有学者将安阳五号墓出土部分铜器铭文、石文释“后母辛”“后辛”[20]，但也有学者释“司母辛”“司辛”[21]（表七、表八）。还有学者对该墓相类金文辞例中出现的“司”“后”，左向者释“司”，右向者释“后”[22]。显然，学者对该墓出土金文中的“后”“司”之辨，至今仍属学术讨论范畴。

理由三，虽然商代部分文字写法有时向左向右可以相通，但并不限于“后”字，也适用于“司”字。因此，理由三在此能否成立，是以理由一、二（释“后”）是否充足为前提的。

表七　至 2010 年社会（学界）对殷墟妇好墓金、石文“后”“司”说择用示意

称名 年代	后（母）辛	司（母）辛
20 世纪 70 年代	见于学术刊物（如《考古》1977、《文物》1977、《故宫博物院院刊》1979、《郑州大学学报》1979） 从“后”学者：王宇信、李学勤、唐兰等	见于学术刊物（如《考古》1977） 从“司”学者：郑振香、裘锡圭、李伯谦、高明、杜廼松等
20 世纪 80 年代	见于学术刊物（如《中国文字》1980、《台湾中文大学学报》1985、《华夏考古》1989），学术工具书（如《殷周金文集录》1986） 从“后”学者：金祥恒、丁骕等	见于学术论著（如《殷墟妇好墓》1980），学术工具书（如《新中国的考古发现和研究》1984），大学教材（如《先秦史》1984），专业教材（如《中国青铜器》1988），科普读物（如《步入青铜艺术宫殿》1989） 从“司”学者：马承源、詹子庆、殷玮璋等
20 世纪 90 年代	见于学术刊物（如《古文字研究》1992、《怀化师专学报》1993） 从“后”学者：朱凤瀚、曾文清等	见于学术刊物（如《中原文物》1993），学术工具书（如《中国大百科全书》美术卷 1991、文物博物馆卷 1993，《新中国考古五十年》1999），专业教材（如《中国考古》1992），科普读物（如《殷墟发掘记》1996） 从“司”学者：安金槐、陈志达、曹定云、杨升南、杨宝成等
2000—2010 年	见于学术论著（如《夏商周社会生活史》2005）、科普读物（如《青铜的历史》2006） 从“后”学者：宋镇豪、牛世山、向中华等	见于学术工具书（如《殷周金文集成引得》2001、《中国考古学·夏商卷》2003）、科普读物（如《殷墟之谜》2005） 从“司”学者：张亚初、刘一曼、孔德铭、严志斌等

说明：表中显示学者主张只列先出时代，更名单位学者未列其中。

表八　至2010年社会（学界）对殷墟妇好墓金、石文"后""司"说择用比例示意（%）

称名 / 年代	后（母）辛	司（母）辛	个案数
20世纪70年代	30	70	10
20世纪80年代	33.3	66.7	12
20世纪90年代	12.5	87.5	16
2000–2010年	19.2	80.8	26

说明：数据依笔者自然阅读学术书刊文字的64例个案统计得出。同时代同一作者只参与统计1次。同一论著合作者按1人次参与统计。

三、更名意义

文物称名，一般依据文字自铭，或参照文献记载，或采用约定俗成等方法给出。根据新材料或新的研究成果矫正以往称名，是学术意义所在。笔者认为，对具有较高社会认知度的文物更名，除学术意义外，还应兼顾社会影响。为使更名具有说服力，应先后把握三个程序。

1. 更名前，应充分掌握相关文物信息，深入分析，取得前期学术研究成果，以此为基础提出更名理由。组织有关专家进行学术论证，在形成共识或主流意见后，决定是否实施学术意义上对文物的更名。对具有较高社会知名度的文物更名，应报请文物管理部门核准备案。

2. 更名时，应公布相关学术论证报告或论文说明理由[23]。

3. 更名后，应对来自社会（学界）的不同反响有所回应。

由于学界对这件商代大鼎的铭文释读，在字数、字序、字义等方面均存有不同认识，致多种释读方案共存（如后妻戊、后戊妻、后母戊、母后戊、司母戊、妻戊、姤戊、后戊等）[24]，“后”“司”之辨至今仍属学术讨论范畴。据此判断，以“后母戊鼎”替代“司母戊鼎”称名应属更（择换）名，尚无确证为正名。

其实，以铭文作为指代性元素称名这件商代大鼎的初衷是区别于其他商代大鼎[25]。迄今已沿用数十年的“司母戊鼎”称名，作为一种限制性指示符号，广泛见于历史教科书、工具书、学术刊物、科普读物、旅游说明、文学艺术作品，用作商标、公司（厂家）名称，作为世界遗产殷墟重要文化内涵之一，作为一级文物藏品在相关管理部门登记备案，从而具有较高的社会认知度。笔者认为，为避免同一件商代大鼎因不同称名而导致社会误以为指代不同器物的现象发生，除正常的学术探讨外，在学界对其铭文释读决出正误并形成共识之前，对这件商代大鼎还是统一沿用社会（学界）认知度相对较高的称名为妥。

注释

1 1946年7月，安阳县府在西北乡武官村村民埋藏地掘获商代青铜大鼎。10月上旬，《申报》特派员邵慎之前往实地考察，将其铭文释为“后妻戊”，见《安阳探古殷代祭器出土记》，《申报》1946年10月27日，第3张。10月下旬，大鼎被运往南京，学者张凤考释铭文为“司母戊”，见《安阳武官村出土方鼎铭文考释》，《中央日报》1946年11月17日，第10版。此为有关该鼎称名中“后”“司”之辨之始。

2 夏鼐撰，《夏鼐日记》整理组编：《夏鼐日记》卷4，华东师范大学出版社，2011年，第84页。

3 曾昭燏：《〈司母戊鼎〉前言》，《曾昭燏文集》，文物出版社，1999年。

4 中国历史博物馆建馆小组：《中国通史陈列指导思想与陈列内容要点说明》，1959年1月20日。

5 20世纪末，司母戊鼎曾因“中国通史陈列”闭展而入库收藏。2005-2006年、2008年，其两次作为借展文物参与展出，未见发生称名变更现象。

6 中国国家博物馆编：《中华文明——〈古代中国陈列〉文物精萃》，中国社会科学出版社，2010年，第113页。中国国家博物馆“中国古代青铜器艺术”展览。

7 郭颖甫：《为国之重器正名——“司母戊鼎”正式更名为“后母戊鼎”》，《中国档案》2011年第7期。

8 吴栋梁：《也谈“司母戊鼎”的改名》，《炎黄天地》2012年第4期。

9 叶静：《“司母戊鼎”不应更名“后母戊鼎”》，《语文学刊》2011年第9期。

10 李建平：《“司母戊”还是“后母戊”》，《语文建设》2011年第5期。

11 党相魁：《释甲骨文“ㄱ”》，《中国文字博物馆》2011年第1期。

12 贺汪泽：《“司母戊”而非“后”母戊辨》，《衡阳师范学院学报》2012年第33卷第2期。吴卫、王祯：《“司母戊”与“后母戊”鼎称之辩》，

《设计》2012年第10期。

13 任国战：《“司母戊”？“后母戊”？》，《河南日报》2011年3月25日，第9版。

14 杨雪梅：《“司母戊鼎”更名之思》，《人民日报》2011年3月21日，第12版。

15 任国战：《“司”“后”纷争再起　有关部门该出来说个话》，《河南日报》2011年11月7日，第8版。

16 曹定云：《“司母戊鼎”不可更名为“后母戊鼎”》，《中国社会科学报》2012年2月27日，A-07；《论殷周时代“司”、“后”二字形义及其区分——兼论“司母戊鼎”不可更名为“后母戊鼎”》，《殷都学刊》2012年第4期。葛英会：《商代大鼎的“司”、“后”之争》，《殷都学刊》2012年第1期。常玉芝：《是“司母戊鼎”还是“后母戊鼎”——论卜辞中的“司”、“毓”》，《中原文化研究》2013年第1期。

17 金祥恒：《释后》，《中国文字》第3卷，台湾大学文学院古文字研究室编印，1962年12月。

18 《安阳殷墟五号墓座谈纪要》，《考古》1977年第5期。

19 孙机：《冶金》，《中国国家博物馆学术讲座文集学术讲座》（2007年6月至2009年12月），2010年，第324页。冯峰：《现存最大最重的中国上古青铜容器“后母戊”方鼎》，《中国国家博物馆展品中的100个故事》，文物出版社，2012年，第29页。

20 如王宇信、李学勤、唐兰等学者，参见《安阳殷墟五号墓座谈纪要》，《考古》1977年第5期。

21 如郑振香、裘锡圭、高明、杜迺松等学者，参见《安阳殷墟五号墓座谈纪要》，《考古》1977年第5期。

22 中国社会科学院考古研究所编著：《殷墟妇好墓》，文物出版社，1980年，第97页。

23 2014年6月至8月，笔者曾多次到中国国家博物馆“中国古代青铜器艺术”展厅，驻足观察这件大鼎，亲闻有观众询问“这就是那个司母戊鼎，怎么会叫后母戊鼎呢？”“这就是那个司母戊鼎，为啥改名呀？”

24 李维明：《司母戊鼎略说》，《中原文物》2014 年第 1 期。

25 张凤：《安阳武官村出土方鼎铭文考释》，《中央日报》1946 年 11 月 17 日，第 10 版。

司母戊鼎更名现象再观察

2010–2011年，中国国家博物馆（简称“国博”）将馆藏一件曾称名“司母戊鼎”的商代大鼎更名“后母戊鼎”，引发社会（学界）不同反响[1]。笔者拟观察国博部分学者推动馆藏大鼎更名经历及理由（论据），以对更名性质作出判断。

一、更名经历

学术认识有一个过程。据笔者观察，从20世纪80年代至21世纪初，国博部分主“后”学者对这件商代大鼎称名由明确意向到更名实现经历了30余年的时间，大致分为三个阶段。

第一阶段，明确意向。这一现象主要出现于20世纪八九十年代，当时中国历史博物馆（简称“历博”）“中国通史陈列”对这件大鼎称名“司母戊鼎”，这一展览曾间断性处于调整状态[2]。历博有主“后”学者在个人著述或参与撰写馆编刊物中对学界存在“后”“司”之辨明确意向，分为两种情况。

1.“后”“司”均提，以“后”说居前表达作者选择意向。

1980年，历博有主“后”学者在撰写青年文库《中国古代史常识》（专题部分）一书中，以“后母戊鼎（通称‘司母戊鼎’）”称名介绍这件大鼎[3]。

1991年，历博有主“后”学者在撰写“中国文化史知识丛书”《商周青铜文化》一书中，以“后母戊（司母戊）鼎”称名介绍这件大鼎[4]。

2.只用“后”说，不提“司”说。

1984年，中国历史博物馆编《中国历史博物馆》，一反历博一贯择用“司”说的主张[5]，以“后母戊大鼎”“后母戊铜鼎”称名这件商代大鼎[6]。

上述三例是在学界关于大鼎诸称名方案（后妻戊、后戊妻、妻戊、司母戊、后母戊、母后戊、姤戊、后戊）中，意向性地选择“后母戊”的表现，因未配合分析论证，在历博馆内也未取得主导地位而没有引起学界的注意。

第二阶段，明确正误。21世纪初，历博并入新组建的国博，“中国通史陈列”此时已闭展，然出版物仍称这件大鼎为“司母戊鼎”[7]。国博实施改扩建工程期间，国博有主“后”学者对大鼎“后”“司”之辨以正误定性。

2007-2009 年，国博有主“后”学者明确指出解放初有学者把它释成“司母戊”是不对的，释作“后母戊”是对的。其理由（论据）概括为两点[8]：

（1）“后”是指母戊的身份。过去认为此鼎是商王文丁为其母所做。1984 年对 1939 年挖出大鼎的墓重新进行了考古发掘，从所出遗物考察，年代大致与妇好墓相当，所以母戊应是商王武丁之母。

（2）以妇好墓出土的“后母辛鼎”及铭“后辛”之石牛之例推之，释作“后母戊”是对的。这个字看起来像“司”，但商代文字的写法有时向左有时向右，可以相通。

由于这一定性的理由多为前人所述，又以个人名义表述，因此未引起学界的关注。

第三阶段，更名实现。2010-2011 年，国博改扩建工程基本完成。国博在出版图录和在专题展览中将以往曾称名“司母戊鼎”更名为“后母戊青铜方鼎”“后母戊鼎”[9]，这一更名举措落实在国博主要业务工作中（如网站、出版物、文创产品、展览讲解、研究课题等），标志着国博正式放弃以往曾采用的“司母戊鼎”称名，改用“后母戊鼎”称名。更名实现表明，国博部分学者主“后”意向，在历经 30 余年后成为国博业务工作统一认识。因国博是国家级别的博物馆，这一更名举措产生了一定的社会影响。对此，有赞成者，也有表示不同意见者[10]。

2014 年，国博有主“后”学者重申新中国成立之初有学者把它释成“司母戊”是不对的，应释作“后母戊”。其理由（论据）概括为三点[11]。

（1）妇好是商王的配偶，卜辞中就称她为“后帚好”。

（2）商代有些字的写法左右无别。妇好墓出土的圆尊和方尊上的“后”字写法就一反一正。后母戊鼎铭中的“后”字写成“司”，亦同此例。

（3）商代铜器铭文，其中器主名“亚某”，“亚”是爵称，称“亚某”和称“后某”的语例正同。

2016 年，国博有主“后”学者肯定：“我们馆展出的‘后母戊鼎’，很长时间以来一直被称为‘司母戊鼎’，这个说法是完全讲不通的，我们给改正过来了。”[12]随后在发表文章中列举“后母戊鼎”定名的理由（论据）[13]，概括为六点。

（1）妇好是商王武丁的配偶之一，卜辞中就称她为“后帚好”。母戊也应是武丁的配偶，所以鼎铭中称她为“后”。

（2）在甲骨文中，许多字的写法左右无别。妇好墓出土铜器铭文“后”字的写法就一正一反。铜方鼎上的“后”字写作“司”，像是“司”字，其实亦是同例。唐兰先生将春秋时叔夷镈讲成汤伐夏后，“后”字也写成“司”，说明单个“后”字反文也能正确释读。证明青铜大方鼎中写成“司”的那个字亦应读为“后”。

（3）甲骨文、金文中“毓”“后”两存，前者有先后之后意，与“后”字用法不尽相同。

（4）商代称呼贵族，在私名之前有时加上爵称，如侯某、白（伯）某、亚某等，和“后戊”的词序一致，不过后戊的地位更为尊崇，所以用了“戊”的庙号。“后母戊”三个字组合在一起，器主的爵称、辈分、名号都包括进来了，堪称实至名归、文从字顺。

（5）甲骨文中有“司工”，“司”指职司。《说文》说“司”是“臣司事于外者”，那么“司母戊”岂不成了一位办事人员？这当然讲不通。

（6）商代有时以“司”字代“祀”，如言“王二十司”。但这里指的是年份，不是祭祀。甲骨文中“祀”是个常用字，但铜鼎铭文中被释为“司母戊”“司母辛”之处，从未见过哪一个例子中把所谓的“司”写成“祀”的。

二、论据分析

论据是用来证明论题真实性的理由。从论据能推出论题是论证方式主要的一条规则。综合国博部分主“后”学者 2007–2009 年、2014 年、2016 年所举理由（论据），大致分为两类：

第一类，主“后”。理由（论据）见于 2007–2009 年（1）、（2），2014 年（1）、（2）、（3），2016 年（1）、

（2）、（3）、（4）。概括为三点：

1. 商代有些字的写法左右无别。妇好墓出土的圆尊和方尊上的“后”字写法就一反一正。唐兰先生将春秋时叔夷镈讲成汤伐夏后，“后”字也写成“司”，说明单个“后”字反文也能正确释读，证明青铜大方鼎中写成“司”的那个字亦应读为“后”。

笔者注意到安阳五号墓（妇好墓）出土铜器铭文中确存“司”“后”不同方向书体，公布27例显示铜器铭文“司”“后”拓片材料[14]，其中“司”形25例（约占92.6%），“后”形2例（约占7.4%），报告者提出这两例“后”形不排除为模范反铸的可能性[15]。因此，不能简单地用“一反一正”形容这一现象。虽然有学者将妇好墓出土部分铜器铭文、石文释“后母辛”“后辛”[16]，但也有学者释“司母辛”“司辛”[17]。还有学者对该墓相类金文辞例中出现的“司”“后”，左向者释“司”，右向者释“后”[18]。显然，学者对该墓出土金文中的“后”“司”之辨仍属学术讨论范畴。

东周铜器叔夷镈铭文中记有成唐“尃受天命，𠛱伐夏司”。“司”，唐兰先生释“后”[19]（笔者按：唐兰先生曾将西周铜器商尊铭文中“帝司”作“帝嗣”解[20]），张亚初先生释“司”[21]，曹定云先生释“侯”[22]。这一现象表明，学者对周代金文中的“后”“司”之辨仍属学术研讨范畴。

《玉篇》刀部：“𠛱口怪切断也。”[23]《左传》成公十三年“国之大事，在祀与戎”，《左传》定公五年“国亡矣，死者若有知也，可以歆旧祀”[24]。据此判断，将叔夷镈铭文中“司”作“嗣”“司”解，即“[illegible]伐夏嗣（或司）”，意为伐断夏嗣（祀），也讲得通。

2. 甲骨文、金文中“毓”“后”两存，前者有先后之后意，与“后”字用法不尽相同。

有学者认为商代卜辞中有“毓”（𠫓）字，本义指生育，由“毓”（𠫓）的同字异文讹变出“后”（指先公先王）或“後”（先后意）[25]。或认为商代无“后”字，“后”（王后意）字的出现，时在周代[26]。

3. 妇好是商王武丁的配偶之一，卜辞中就称她为“后帚好”辞例。母戊也应是武丁的配偶，所以鼎铭中称她为“后”。商代称呼贵族，在私名之前有时加上爵称，“后母戊”三个字组合在一起，器主的爵称、辈分、名号都包括进来了，堪称实至名归、文从字顺。

有学者认为商代无后制，指出如将商代甲骨文、金文“司”“后”释“后”（王后意），则有些辞例在卜辞中讲不通，如“后父”（《甲骨文合集》21691、19207、22083 甲、乙），“后犬”（《甲骨文合集》20367），“后羌”（《甲骨文合集》19863）等[27]。商代卜辞显示，商王配偶称妇，有“王妇”“多妇”记载，以“妇□”显示取自不同地域（族、方国）[28]。将商代甲骨文、金文“司”释“后”（王后）的文献依据限于周代，尚不能以此断言商代后制，因此不能视为定论。

商代卜辞中“”“”或写作“”“”形，从字形、字义看不出与表示方位（前后）或地位（王后）有关。有学者认为其像匕或柶形，会意为进食，引申为与祭祀有关的祀祠意[29]。

综上判断，上述主“后”理由（论据），尚不能视为确证。

第二类，否“司”。理由（论据）见于2016年（5）、（6），概括为两点。

（1）甲骨文中有“司工”，“司”指职司。《说文》说“司”是“臣司事于外者”，那么“司母戊”岂不成了一位办事人员？这当然讲不通。

笔者观察，就大鼎铭文而言，将“”释“司”，此识最早在20世纪40年代由张凤先生提出，以“司”字形像耜形或织机上的叉形，象征治理意，理解为职、典司、宫司、有司管理意[30]。商代卜辞显示，商王配偶“多妇”，诸妇受商王支配，参与部分王室事务，如管理卜骨整治，参与部分祭祀、生产活动、随军出征等活动[31]，均有一定的职司作用。

（2）商代有时以“司”字代“祀”，如言“王廿司”。但这里指的是年份，不是祭祀。甲骨文中“祀”是个常用字，但铜鼎铭文中被释为“司母戊”“司母辛”之处，从未见过哪一个例子中把所谓的“司”写成“祀”的。

笔者观察，关于卜辞中“王廿”“王廿祀”显示“”

“祀”通假现象。虽然多数甲骨学者认为此类卜辞中出现的“祀”意指年份，但也有学者认为“祀”指祭祀[32]。这里所谓“年份”的时间段是由周祭次数累积形成周期所决定，不能说与祭祀活动没有联系。

卜辞中表示祭祀意的字较多，并非一定要与“祀”通假才具祭祀意。如：

“……用小牢尻司”（《甲骨文合集》21805）

“惟豕司”（《甲骨文合集》19209）

有学者指出此类卜辞中“司”或有反写“后”者，当作祭祀意较为合适[33]。

有学者指出“司”“后”，所从㇆为倒书的匕（后世也称柶），是取食器的象形。所从“口”则是盛食器的象形。“司”“后”像两种食器的组合[34]。

有学者从字形结构、造字本义、辞例分析，认为商代卜辞、金文中出现的“司”“后”是一个字，当释“司”[35]。

综上判断，上述否“司”理由（论据），尚不能视为确证。

三、现象观察

国博藏大鼎更名从意向到实现，在这一过程中有一些现象值得注意。

1. 理由（论据）基本采用他人成说。如 20 世纪 60 年代，有台湾学者论证卜辞中有“后”，或写作“司”形，是正反书之证，实为一字。据传世文献记载，认为借“后”为皇王帝后之称[36]。

20 世纪 70 年代，有学者将安阳殷墟五号墓（又称妇好墓）出土部分铜器铭文、石文“司”“后”释“后”，并以春秋时叔夷镈讲成汤伐夏后，“后”字也写成“司”，古文字没有左右向的区别为据，认为后字专属于王后，或为武丁之后。有学者据卜辞称“后妇好”[37]。

20 世纪 80 年代，考古工作者发掘殷墟传出大鼎的墓葬（84AWBM260）及年代判断[38]。

上述现象显示，国博部分主“后”学者及时关注相关学术信息，有选择地信从部分学者学说。但 2010–2011 年国博对大鼎更名之前，笔者未见其对上述问题有专论研究成果发表。

2. 大鼎名称介绍表述不确切。如展览说明牌表述：“后母戊鼎”（曾称“司母戊鼎”）。

笔者以为，由于社会对“司母戊鼎”的称谓至今仍在沿用[39]，所以应写成“后母戊鼎”（本馆曾称“司母戊鼎”）。这样的表述因显示本馆主张的变化更为确切。

3.“后”“司”择用不一致与主张摇摆。

（1）“后”“司”择用不一致。如在同一部图录中相关词条，先将大鼎“𠂤”作“后”，写作“后母戊方鼎”，后将妇好墓中出土铜觥铭文中的“𠂤”作“司”，写作“司母辛铜觥”[40]。

这一现象显示撰写者对同属“后”“司”之辨的学术问题未作探究。

（2）主张摇摆。如同一主“后”学者，先发文称名“后母戊大方鼎”，后著文称“后母戊”或“司母戊”均合乎学理，暂以“后（司）母戊鼎”表示器名[41]。甚或在相关学术会议上表示如果将来学术界发现释为“后”也是错的，到时也必须要改[42]。

这一现象显示国博部分主“后”学者对大鼎更名是否正误没有把握。

4.相关表述中出现材料、学术史、方法论问题[43]。

（1）解放初（建国初）有学者把它释成“司母戊”，是不对的。

笔者以为，这样的表述不符合学术史，因为“司母戊”这一释名最早出现于1946年[44]。

（2）1983年以来在中国历史博物馆的“中国通史陈列”

中，经过进一步研究，已将大鼎的铭文释为“后母戊”，此鼎遂定名为“后母戊鼎”。在博物馆中此名一直沿用至今。

笔者检阅2010年以前以中国历史博物馆名义编写书刊，除1984年中国历史博物馆编《中国历史博物馆》以“后母戊大鼎”“后母戊铜鼎”称名这件商代大鼎外，其他如《简明中国历史图册》（1979年），《中国古代史参考图录》（1989年），《中国通史陈列》（1998年），《华夏文明史图鉴》（2002年）等，均采用“司母戊鼎”称名这件大鼎[45]。笔者未见闻2011年之前的《中国通史陈列》（包括相关的展览）以“后母戊鼎”称名这件大鼎。

（3）在当代研究古文字的学者中，倾向于称此鼎为“后母戊鼎”者，已逐渐形成主流。

笔者以为，主流认识指得到多数学者信从的学术认识。主流认识不能作为检验学术论题正确与否的理由（论据）。观察部分涉及古文字研究学者对这件1939年出土于安阳的商代大鼎铭文“后”“司”说择用状况，未见主“后”说者逐渐形成主流的现象（表九）。

表九　1946 年以来部分涉及古文字研究学者对 1939 年安阳出土商代大鼎铭文"后""司"说择用示意

择用 年代	后	司
20 世纪 40 年代	邵慎之	张凤
20 世纪 50 年代		容庚、陈梦家、胡厚宣等
20 世纪 60 年代	金祥恒、丁骕等	于省吾
20 世纪 70 年代	王宇信、李学勤、唐兰等	裘锡圭、高明、杜迺松等
20 世纪 80 年代	孙稚雏、张桂光等	张亚初、林巳奈夫、马承源、罗福颐等
20 世纪 90 年代	朱凤瀚、曾文清等	曹定云
2000-2010 年	郑慧生、宋镇豪等	石璋如、伊藤道治、李朝远、周亚、严志斌等
2011 年以来	王蕴智、徐颖、曹兆兰、吴栋梁、马静茹、张学忠、陈晓华等	周永珍、葛英会、常玉芝、艾兰、刘正、朱彦民、叶静、贺汪泽等

说明：表中所列涉及古文字研究学者主张只列先出时代，更名单位学者未列其中。

（4）唐兰先生坚持此说。李学勤先生虽未就此写出专论，但在他的书中凡提到此鼎时皆称"后母戊大鼎"。对这些意见不能不予以重视。

笔者以为，学术研究应以材料分析为据，而不是盲从名人。虽然唐兰先生、李学勤先生在古文字研究领域堪称名家，但笔者未见两位先生对这件大鼎铭文发表专文论证。

（5）1984年对1939年挖出大鼎的墓重新进行了考古发掘，从所出遗物考察，年代大致与妇好墓相当。

笔者梳理相关考古材料后判断，大鼎是否出自84AWBM260并无确证，大鼎的出处至今仍属待解之谜[46]。

上述现象显示国博部分主“后”学者对大鼎相关材料掌握与分析、了解相关学术史等方面存有明显缺失。

5. 国博内部学者对这一更名举措存有不同认识。主张更名者判定为正名[47]，支持者认为更合理[48]，持不同意见者认为只是更名，尚不能确证为正名[49]。

这一现象显示，作为学术问题涉及的大鼎称名，在国博内部也存在认识分歧。

6. 部分观众误将同一件商代大鼎认为是两件不同器物。2014年6月至8月，笔者曾多次驻足观察这件大鼎，亲闻有观众议论“这是后母戊鼎，还不是司母戊鼎”，“还有后母戊鼎！以为只有司母戊鼎”，“后母戊鼎，最近才挖出来的”，“司母戊鼎应该比这个大”，“后母戊鼎在这儿，司母戊鼎在哪儿？”“后母戊鼎，那不是镇馆之宝”……

这一现象印证了一位主“后”的甲骨学者曾经的告诫：“称‘司母戊鼎’已多年，约定俗成，一仍其旧，不改也可以，以免造成新发现一件‘后母戊鼎’之误。”[50]

四、几点认识

综上所述，笔者初步得出几点认识。

1. 国博部分学者的“后”说主张，始于20世纪80年代，2010年以前在本单位未居主导地位。2011年以后，“后”说在国博取得主导地位。这一历经30余年的心路历程表现出国博主“后”部分学者对学界一种学术观点的信从与更名的执着。

2. 国博对大鼎的更名举措，将大鼎“后”“司”之辨这样的学术问题由学界推向社会，使这件商代大鼎在21世纪初再一次引起社会关注，客观上促成学者对这件大鼎研究的一个热潮。

3. 国博学者对于大鼎的研究，更名前限于文物保护涉及铸造工艺、构造，兼及出土流传访谈，更名后才对铭文释读等问题有了较多的关注。

4. 国博主“后”学者目前所举更名理由（论据）尚无确证为正名。涉及大鼎铭文“后”“司”之辨并未因此终结，仍属学术研讨的范畴。

5. 国博作为大鼎收藏单位，对学界提出的多种称名方案，应在研究的基础上持有意向，但对文物更名则须慎重，以免引起社会大众的误解。

注释

1 李维明：《司母戊鼎更名现象观察》，《古代文明》（第10卷），上海古籍出版社，2016年。

2 吕章申主编：《中国国家博物馆百年简史（1912–2012）》，中华书局，2012年。吕章申主编：《百年国博：中国国家博物馆百年简史与成果》，中华书局，2012年。

3 中国青年出版社编辑部编辑：《中国古代史常识》（专题部分），中国青年出版社，1980年，第106页。

4 任继愈主编：中国文化史知识丛书《商周青铜文化》，中共中央党校出版社，1991年，第20页。

5 中国历史博物馆建馆小组：《中国通史陈列指导思想与陈列内容要点说明》，1959年1月20日油印本。中国历史博物馆：《中国通史陈列展品详目及说明》，1963年油印本。中国历史博物馆陈列部：《中国通史陈列展品详目及说明》，1993年。

6 中国历史博物馆编：《中国历史博物馆》，文物出版社、株式会社讲谈社，1984年。

7 中国国家博物馆编：《文物中国史·2夏商周时代》，中华书局，2004年。

8 孙机：《冶金》，《中国国家博物馆：学术讲座文集》（2007年6月–2009年12月），2010年，第324页。

9 中国国家博物馆编：《中华文明——〈古代中国陈列〉文物精萃》，中国社会科学出版社，2010年，第113页。中国国家博物馆“中国古代青铜器艺术”展览，2011年。

10 李维明：《司母戊鼎更名现象观察》，《古代文明》（第10卷），上海古籍出版社，2016年。

11 孙机：《中国古代物质文化》，中华书局，2014年，第217页。

12 孙机：《在“中国国家博物馆学术工作大会”上的发言》，《中国国家博物馆馆刊》2016年第6期，第22页。

13 孙机：《关于“后母戊鼎”的定名问题》，《中国文物报》2016年9月13日，第6版。孙机：《中国第一大鼎应该叫什么名字》，《北京晚报》2016年12月22日，文史39版。

14 中国社会科学院考古研究所编著：《殷墟妇好墓》，文物出版社，1980年，第37页图二五、第58页图三八、第81页图五四。

15 中国社会科学院考古研究所编著：《殷墟妇好墓》，文物出版社，1980年，第97页。

16 如王宇信、李学勤、唐兰等学者，参见《安阳殷墟五号墓座谈纪要》，《考古》1977年第5期。

17 如郑振香、裘锡圭、高明、杜迺松等学者，参见《安阳殷墟五号墓座谈纪要》，《考古》1977年第5期。

18 中国社会科学院考古研究所编著：《殷墟妇好墓》，文物出版社，1980年，第96–97页。

19 《安阳殷墟五号墓座谈纪要》唐兰发言，《考古》1977年第5期。

20 唐兰：《略论西周微史家族窖藏铜器群的重要意义——陕西扶风新出墙盘铭文解释》，《文物》1978年第3期。

21 张亚初编著：《殷周金文集成引得》，中华书局，2001年，第14–15页。

22 曹定云：《论殷周时代“司”、“后”二字形义及其区分——兼论“司母戊鼎”不可更名为“后母戊鼎”》，《殷都学刊》2012年第4期。

23 [梁]顾野王著：《大广益会玉篇》，中华书局，1987年，第82页。

24 [周]左丘明传，[晋]杜预注，[唐]孔颖达疏：《春秋左传正义》，卷二十七、卷五十五。[清]阮元校刻：《十三经注疏》，中华书局，1980年，第1911页、2139页。

25 王国维：《殷卜辞中所见先公先王续考·多后》，《观堂集林》，中华书局，1959年版，1994年北京第6次印刷本，第441页。

26 葛英会：《商代大鼎的“司”、“后”之争》，《殷都学刊》2012年第1期。曹定云：《论殷周时代“司”、“后”二字形义及其区分——兼论

"司母戊鼎"不可更名为"后母戊鼎"》，《殷都学刊》2012 年第 4 期。常玉芝：《是"司母戊鼎"还是"后母戊鼎"——论卜辞中的"司"、"毓"》，《中原文化研究》2013 年第 1 期。杜廼松：《司母戊鼎铭文形音义研究》，《中国文物报》2016 年 8 月 12 日，第 6 版。

27 常玉芝：《是"司母戊鼎"还是"后母戊鼎"——论卜辞中的"司"、"毓"》，《中原文化研究》2013 年第 1 期。

28 参见齐文心：《"妇"字本义试探》，《纪念殷墟甲骨文发现一百周年国际学术研讨会论文集》，社会科学文献出版社，2003 年。徐义华：《甲骨刻辞诸妇考》，《殷商文明暨纪念三星堆遗址发现七十周年国际学术研讨会论文集》，社会科学文献出版社，2003 年。

29 周法高主编：《金文诂林》第 11 册卷 9，香港中文大学，1975 年。徐中舒主编：《甲骨文字典》，四川辞书出版社，1988 年。党相魁：《释甲骨文"ㄋ"》，《中国文字博物馆》2011 年第 1 期。

30 张凤：《安阳武官村出土方鼎铭文考释》，《中央日报》1946 年 11 月 17 日，第 10 版。

31 参见齐文心：《"妇"字本义试探》，《纪念殷墟甲骨文发现一百周年国际学术研讨会论文集》，社会科学文献出版社，2003 年。徐义华：《甲骨刻辞诸妇考》，《殷商文明暨纪念三星堆遗址发现七十周年国际学术研讨会论文集》，社会科学文献出版社，2003 年。

32 岛邦男：《殷墟卜辞研究》，上海古籍出版社，2006 年。

33 葛英会：《商代大鼎的"司"、"后"之争》，《殷都学刊》2012 年第 1 期。常玉芝：《是"司母戊鼎"还是"后母戊鼎"——论卜辞中的"司"、"毓"》，《中原文化研究》2013 年第 1 期。

34 葛英会：《商代大鼎的"司"、"后"之争》，《殷都学刊》2012 年第 1 期。

35 葛英会：《商代大鼎的"司"、"后"之争》，《殷都学刊》2012 年第 1 期。常玉芝：《是"司母戊鼎"还是"后母戊鼎"——论卜辞中的"司"、"毓"》，《中原文化研究》2013 年第 1 期。

36 金祥恒：《释后》，《中国文字》第3卷，台湾大学文学院古文字研究室编印，1962年12月。

37 《安阳殷墟五号墓座谈纪要》王宇信、李学勤、唐兰等学者发言，参见《考古》1977年第5期。

38 中国社会科学院考古研究所安阳工作队：《殷墟259、260号墓发掘报告》，《考古学报》1987年第1期。

39 如中国社会科学院考古研究所编：《殷墟与商文化——殷墟科学发掘80周年纪念文集》，科学出版社，2011年。中国社会科学院考古研究所、河南省博物院、首都博物馆举办《王后、母亲、女将——纪念殷墟妇好墓考古发掘四十周年特展》（首都博物馆2016年3月8日－6月26日）。井中伟、王立新编著：吉林大学考古专业教材《夏商周考古学》，科学出版社，2013年。部分学者（如周永珍、王巍、岳洪彬、杜廼松等）著述。

40 吕章申主编：《中国国家博物馆》，伦敦出版（香港）有限公司，2011年，第17、22页。

41 于成龙：《盗掘人挖出"后母戊"大方鼎》，《法制日报》2012年11月18日，A19版。于成龙：《中国国家博物馆的三大青铜器》，《美成在久》2014年第2期，第51页。

42 2011年11月4日上午，中国国家博物馆研究馆员于成龙在安阳市政协"思辨堂"就"后""司"之辨学术讨论的发言。参见张健编著：《国宝探秘36讲》，东南大学出版社，2012年，第13页；曹定云：《论殷周时代"司"、"后"二字形义及其区分——兼论"司母戊鼎"不可更名为"后母戊鼎"》，《殷都学刊》2012年第4期，第8页。

43 孙机：《冶金》，《中国国家博物馆学术讲座文集学术讲座》（2007年6月－2009年12月），2010年，第324页。孙机：《关于"后母戊鼎"的定名问题》，《中国文物报》2016年9月13日，第6版。孙机：《中国第一大鼎应该叫什么名字》，《北京晚报》2016年12月22日，文史39版。

44 张凤：《安阳武官村出土方鼎铭文考释》，《中央日报》1946年11月17

日，第 10 版。

45 中国历史博物馆编：《简明中国历史图册 · 2 · 奴隶社会》，天津人民美术出版社，1979 年。中国历史博物馆编：《中国历史博物馆》，文物出版社、株式会社讲谈社，1984 年。中国历史博物馆编：《中国古代史参考图录 · 奴隶社会》，上海教育出版社，1989 年。中国历史博物馆编：《中国通史陈列》，朝华出版社，1998 年。中国历史博物馆编著：《华夏文明史图鉴》，朝华出版社，2002 年。

46 李维明：《司母戊鼎略说》，《中原文物》2014 年第 1 期。李维明：《殷墟西北岗王陵区商代大墓分析》，《四川文物》2014 年第 5 期。

47 孙机：《在“中国国家博物馆学术工作大会”上的发言》，《中国国家博物馆馆刊》2016 年第 6 期，第 22 页。

48 冯峰：《现存最大最重的中国上古青铜容器“后母戊”方鼎》，《中国国家博物馆展品中的 100 个故事》，文物出版社，2012 年。

49 李维明：《司母戊鼎更名现象观察》，《古代文明》（第 10 卷），上海古籍出版社，2016 年。

50 王宇信：《新中国甲骨学六十年》，中国社会科学出版社，2013 年，第 69 页。

司母戊鼎纹饰与寓意试解

纹饰指物体上附着纹样的总称，除装饰作用外，还含有设计理念与寓意。对司母戊鼎纹饰解读性的介绍，始见于1946年该鼎再次出土后展览说明词和相关报道[1]。至20世纪60年代，学者对其纹饰解读较前有所深入[2]，此后多沿用前说。为定位所述纹饰位置，将鼎体主要部位进行编号（图十八）。耳2只，原耳为甲，仿耳为乙。腹4个立面，以原耳所在侧立面为A，按顺时针方向依次为正立面B、侧立面C、正立面D。四面交接形成转角，以A、D面交接处为a，按

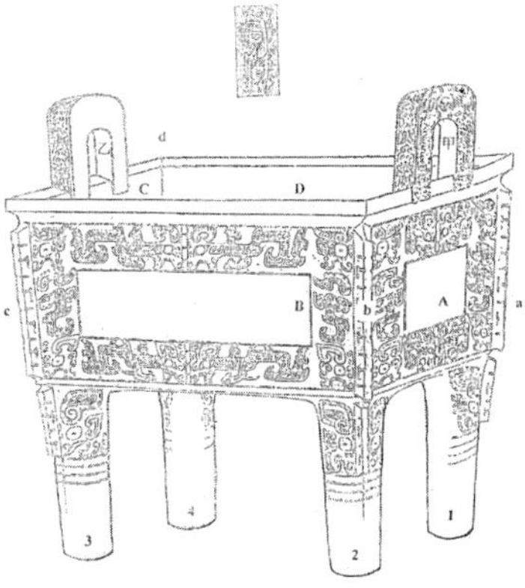

图十八　司母戊鼎体位编号示意

（说明：原图选自《余祥恒先生全集》）

顺时针方向，依次为b、c、d。足4个，以原耳所在侧立面右足为1，按顺时针方向依次为2、3、4。以此为基础，试对其纹饰现象作初步分析解读。

一、分类

司母戊鼎纹饰大致分两种题材。

第一种，生物。依表现形式有别分两类。

一类，浮雕式双重纹饰。见于鼎耳、腹、足外侧面显著位置。依主题造型特征不同分六群（图十九、图二十）。

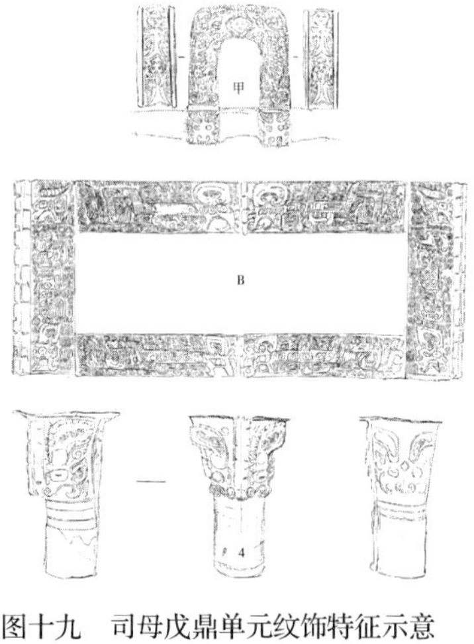

图十九　司母戊鼎单元纹饰特征示意

（说明：据笔者观察实物手绘显示耳（甲）、腹（B）、足（4，内外侧）纹饰特征，并非精确，仅作示意参考。）

甲群，虎，28处。单元纹样为侧面形象，以圆（尖圆）耳、臣形目、大口、獠牙为特征。见于耳、腹。依造型特征不同分三亚群。

甲a群，立虎，4处。以2只为单位，侧体相向对称立于鼎耳外侧，形象较为写实。依耳部造型有别分两型。

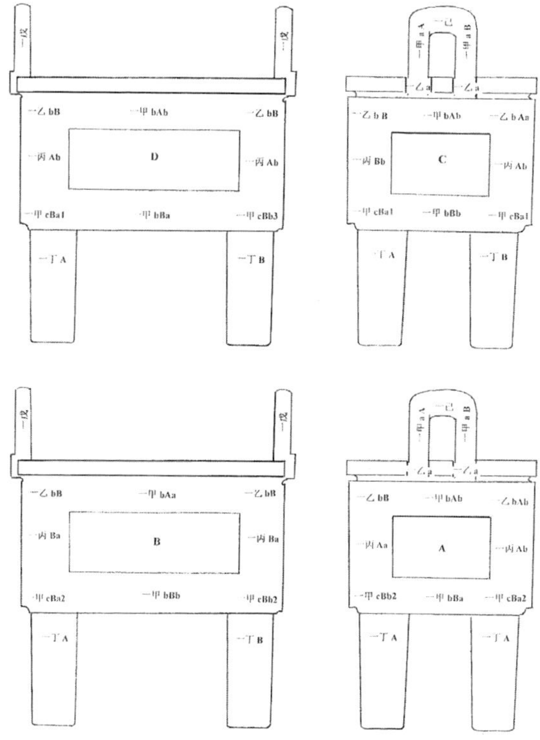

图二十　司母戊鼎第一种一类单元纹饰分布示意

A 型，圆耳，2 处。体可辨 6 道条纹，尾可辨 6 节。

B 型，尖圆耳，2 处。体可辨 9 道条纹，尾可辨 9 节。

（乙耳为依据甲耳复制）

本亚群纹饰曾被学者释为雌雄夔龙纹（邵慎之——括号中所举作者名，其文出处见注释，下同），虎（曾昭燏、于省吾）。笔者据图像特征判断为立虎。

甲 b 群，飞跃虎，16 处。以 2 只为单位，侧体呈带状相向分布于鼎腹上下，除首部较为写实外，体、尾添小翼、饰云纹。依耳造型有别分两型。

A 型，圆耳，8 处。见于腹（A、B、C、D）外侧上端横向带状纹饰。足后有象征速度的风带（参考《易》“风从虎”推断[3]）。圆形瞳。依瞳内特征有别分两亚型。

Aa 型，有点状孔，2 处。见于腹 B 上带状纹饰中部。

Ab 型，无点状孔，6 处。见于腹 A 上、C 上、D 上带状纹饰中部。

B 型，尖圆耳，8 处。见于腹（A、B、C、D）外侧下端带状纹饰。依瞳内特征有别分两亚型。

Ba 型，有点状孔，4 处。见于腹 A 下、D 下带状纹饰中部。足后无象征速度的风带。

Bb 型，无点状孔，4 处。见于腹 B 下、C 下带状纹饰中部。足后有象征速度的风带。

本亚群纹饰曾被学者释为饕餮纹（平庐、胡厚宣），夔龙纹（曾昭燏），兽面纹（于省吾）。笔者参照安阳西北岗 1550 号大墓出土石虎形象（R022121）推断其可能表现虎飞跃形象。

甲 c 群，虎首，8 处。见于腹（A、B、C、D）外侧下端近转角处。依耳特征只有一型。

B 型，尖圆耳，8 处。依瞳特征有别分两亚型。

Ba 型，圆形瞳，4 处。依瞳内特征有别分三组。

Ba1，点状孔，2 处。见于腹 C 左下、C 右下，D 左下。

Ba2，横线状孔，1 处。见于腹 B 左下。

Ba3，无孔，1 处。见于腹 D 右下。

Bb 型，长圆形瞳，4 处。依瞳内特征有别分两组。

Bb2，线状瞳孔，3 处。见于腹 A 左下、右下，B 右下。

Bb3，无瞳孔，1 处。见于腹 C 右下。

本亚群纹饰曾被学者释为龙首（邵慎之），半个兽面纹（曾昭燏），虎首（平庐）。笔者参照安阳西北岗 1136 号、1137 号车马坑出土镶嵌绿松石虎首辀首饰虎形象 R015323，1001 号大墓石虎首形象 R001757 等出土文物特征推断其应为虎首形象。

乙群，牛。单元纹样为牛首， 12 处。以匕形角、尖状耳、长圆形瞳为特征。依面部特征不同分两亚群。

乙 a 群，正面，4 处。见于耳下端口沿外侧。长圆形瞳内有横线状孔。

本亚群纹饰曾被学者释为小饕餮（平庐），带牛角的兽面纹（曾昭燏），兽面形（于省吾）。笔者参照安阳西北岗 1004 号大墓出土牛方鼎 R001750 牛首形象推断其应为牛首正面形象。

乙 b 群，侧面，8 处。见于腹（A、B、C、D）外侧上端近转角处。依目部特征不同分两型。

A 型，圆形瞳，2 处。依瞳内特征有别分两个亚型。

Aa 型，瞳内有横线孔，1 处。见于腹 C 右上。

Ab 型，瞳内无孔，1 处。见于腹 A 右上。

B 型，长圆形瞳，内有横线孔，6 处。见于腹 A 左上，B 左上、右上，C 左上，D 左上、右上。

本群纹饰曾被学者释为龙首（邵慎之），兽面纹（于省吾），带牛角兽面纹（曾昭燏），牛首（平庐）。笔者依图像特征推断其应为牛首形象。

丙群，龙。以曲角、曲体为特征，8 处。单元纹样为侧面，见于腹（A、B、C、D）外侧两端带状纹饰中部，体呈纵向上升状。依耳造型有别分两型。

A 型，方圆耳，5 处。见于腹 A 左中、右中，C 右中，D 左中、右中。依圆形瞳内特征有别分两亚型。

Aa 型，有点状孔，1 处。见于腹 A 左中。

Ab 型，无点状孔，4 处。见于腹 A 右中，C 右中，D 左中、右中。

B 型，尖圆耳，3 处。依瞳内特征有别分两亚型。

Ba 型，有点状孔，2 处。见于腹 B 左中、右中。

Bb 型，无点状孔，1 处。见于腹 C 左中。

本群纹饰曾被学者释为夔龙纹（邵慎之、曾昭燏、于省吾），夔龙及蚕纹（平庐）。笔者依图像特征推断其应为纵向龙形象。

丁群，羊。单元纹样为侧面羊首，8 处。以大弯角为特征，见于足 1、2、3、4 外侧。长圆形瞳。依瞳内特征有别分两型。

A 型，有横线状孔，5 处。见于足 1 左侧、右侧，足 2 右侧，足 3 右侧，足 4 右侧。

B 型，无横线状孔，3 处。见于足 2 左侧，足 3 左侧，足 4 左侧。

本群纹饰曾被学者释为龙纹（邵慎之），饕餮纹（平庐），兽面纹（于省吾），带羊角的兽面纹（曾昭燏）。笔者参照安阳小屯 331 号墓出土羊首方卣 R002066 图像特征，推断其应为羊首形象。

戊群，待考动物，12 处。单元纹样为正面全身，特征为尖阔嘴、圆形瞳内有点状孔，双翅、叉尾。以 3 只一组二方连续，两组相对排列于耳甲、乙侧缘。

本群纹饰曾被学者释为鱼纹（于省吾、曾昭燏），蝉纹（平庐）。

己群，人，2 处。正面人首形。见于耳外侧面上部正中，为两虎口相夹（邵慎之认为两虎合看一人头）。

二类，阴线单层纹饰，4 处。分布于足内侧。以大弯角为特征正面羊首形，依瞳内特征有别分两型。

A 型，双目，一目有横线状孔，一目无横线状孔，2 处。依方向位置有别分两亚型。

Aa 型，左目有横线状孔，右目无横线状孔，1 处。见于足 2、足 4 内侧。

Ab 型，右目有横线状孔，左目无横线状孔，1 处。见于足

3 内侧。

B 型，双目均无横线状孔，1 处。见于足 1 内侧。

本类纹饰曾被学者释为兽面纹（曾昭燏）。

第二种，非生物。依造型特征与功用不同分三类。

一类，几何形纹饰。浮雕式单线单层纹样。依造型特征不同分两群。

甲群，雷纹。主要用作第一种一类纹饰下的底纹。

乙群，云纹。主要饰于第一种一类纹饰上。

本类纹饰主要用作第一种一类纹饰辅助纹样，最初曾被学者释为廻龙纹或其简化形式，推测可能是洹水出龙的含义（邵慎之）。

二类，弦纹，12 道。以 3 道为一组，饰于足 1、足 2、足 3、足 4 中部。

本类纹饰用于足上下端单元分段。

三类，扉棱。16 处。依棱数有别分三群。

甲群，4 节，8 处。见于腹（A、B、C、D）上下带状纹饰正中。

乙群，11 节左右，4 处。见于腹（A、B、C、D）纵向交接处（a、b、c、d）。

丙群，5 节，4 处。见于足外侧成角侧面。

本类纹饰用作单元对称与腹界，最初曾被学者释为龙脊（邵慎之），棱（平庐），直棱（曾昭燏），翅（于省吾认为俗称腓子，甲群、丙群称断翅，乙群称长翅），扉棱（冯富根等[4]），棱脊（万家保[5]）。

二、现象

笔者观察司母戊鼎纹饰，初步得出几点印象。

1. 整体肃穆。以主题纹样带为单元，运用轴对称、二方连续形式，统一协调各单元图案，使鼎体上下、左右纹饰题材均衡对称、整齐划一，取得凝重肃穆的视觉效果。

2. 层次分明。以生物（第一种）纹饰为主要纹样，分布于鼎体主要部位，为这件王室祭祀重器，赋予生命的活力。以非生物（第二种）纹饰为辅助纹样，用于主要纹样的底纹（第二种一类），或单元纹饰分界（第二种二、三类）。使遍布鼎体的繁缛纹样，因层次感而富于变化。

3. 疏密有致。以单元带状纹样布局，间以局部素地，使鼎体纹饰在疏密中透现空灵。

4. 形象合成。主体纹饰（第一种一类），在单元带状纹饰中显示虎、牛、羊、龙均为侧面形象。以扉棱为轴对称，相邻分布的同类题材侧面形象又成对地合成出正面形象。如：

虎，在单元纹饰中显示虎侧面形象 28 处，以扉棱为轴对称合成正面虎形象 12 处（见于腹 A、B、C、D 上下横向带状纹饰中部，腹四面转角 a、b、c、d 下部）。

牛，在单元纹饰中显示牛首侧面形象 8 处，以扉棱为轴对称合成正面牛首形象 4 处（见于腹 A、B、C、D 四面转角 a、b、c、d 上部）。

龙，在单元纹饰中显示龙侧面形象 8 处，以扉棱为轴对称合成正面龙首形象 4 处（见于腹 A、B、C、D 四面转角 a、b、c、d 中部）。

羊，在足外侧单元纹饰中显示羊侧面形象 8 处，以扉棱为轴对称合成正面羊首形象 4 处（见于足 1、2、3、4 外侧上部）。以往学者曾注意这一现象，称为双夔合成兽面纹或完整的兽面纹（曾昭燏），合成兽面形（于省吾）。

5. 局部差异。虽然鼎体纹饰布局，上下左右均衡对称，但单元纹饰细部有所差异。其中以耳、目特征明显，如圆耳与尖耳，瞳圆形或长圆形，瞳内有孔或无孔，孔有点状与横线之别，双目（多为合成图像）中存在均有瞳孔或均无瞳孔、有瞳孔对无瞳孔等，其中有些现象似有规律。

（1）耳特征与分布差异现象

虎，耳（甲），左圆耳对右尖耳。腹（A、B、C、D）上圆耳对下尖耳。

龙，B（长腹面）尖耳对 D（长腹面）圆耳，A（短腹面）与相接 D（长腹面）均为圆耳，C（短腹面）左尖耳、右圆耳。

对于虎、龙纹样中尖耳与圆耳，笔者推测可能表现性别或种属不同。

（2）目特征与分布差异现象

虎，B（长腹面）上部圆形瞳内有孔，下部圆形瞳内无孔；D（与 B 相对的长腹面）上部圆形瞳内无孔，下部圆形瞳内有孔；A（短腹面）上部圆形瞳内无孔，圆形瞳内有孔；C（与 A 相对的短腹面）上、下圆形瞳内均无孔。

龙，C（短腹面）、D（长腹面）、A（短腹面）右中 B（长腹面）与相邻的 A（短腹面）左中均为圆形瞳内有孔。尖耳对圆耳，与相接 D（长腹面）均为圆耳，左尖耳、右圆耳。

牛，目中均有横线孔。

羊，相邻的 B（长腹面）、C（短腹面）、D（长腹面）均为左足羊首目有横线孔，右足羊首目无横线孔。A（短腹面）左右足外侧羊首目均有横线孔。

由于动物目随昼夜时辰以及光线的强弱有所变化，笔者推测，上述目中瞳有无孔，或有无横线的现象可能与昼夜时辰有关，象征这些牺牲不分昼夜，无论幽明，轮回值守祭祀对象。

（3）足内外侧纹饰差异现象

足面不同朝向纹饰比较，朝向外侧浅浮雕式多重纹饰制作工艺精湛，朝向内侧阴刻单线纹饰刻画工艺显得较为写意。

6. 锈斑现象

在鼎体长腹面（D）右上角，有一片不规则形褐色斑块，似铁锈所致痕迹，其下纹饰不甚清晰。传说这件商代大鼎 1939

年 3 月出土后，挖掘者曾试图用铁锤将其分解，因砸击声响太大而不得不包以被褥消音，但终未能使鼎解体。这一片褐色斑块及纹饰不清的遗痕，不知是否与这段经历有关。寄希望于今后检测能够揭示答案。

三、寓意

司母戊鼎体所饰纹饰繁缛，内涵应具含义。笔者试依主题不同分两类蠡测。

一类，生物类。笔者初步统计，在鼎体上出现单体生物形象纹样，约有 100 处。

1. 虎，虎纹为鼎体主要纹饰，在鼎耳、腹显虎全身、首，侧面、正面形象，约 40 处。

虎属哺乳纲，猫科，夜行性猛兽。《说文解字》：“虎，山兽之君。”传世文献中存有商代虎事迹的记载，如：

《帝王世纪》记帝纣“杀人以食虎”。（晋）

《春秋繁露》记纣“灵虎兕文采之兽”。（汉）

商代甲骨文中，有“虎”字，像虎形。在一百余条卜辞中显示与虎有关的事迹，主要涉及田猎活动中捕获虎，祭祀活动中用虎作为牺牲。加拿大多伦多皇家安大略博物馆藏有商代虎肱骨、头骨占卜刻辞，记录商王狩猎获虎并用于祭祀的事迹。

卜辞显示商代王畿及其附近有虎，如：

“巳卜……甫狩……获鹿……虎十……”（《甲骨文合集》20752）。

另外，卜辞记载商代存有虎方国。

商文化遗物中存有虎头骨、下颌骨和肢骨等遗骸。在铜器、陶器、玉器、石器、骨器、象牙器、漆木器上出现虎造型形象。

综上推断，虎作为鼎体主要纹饰，以大口、獠牙凸显威慑力量，令人畏惧。不过，在此是寓意牺牲，或是赋予神格，或是否与虎族（方国）有所联系，还有待探究。

2. 牛，以匕形角、牛首为特征。在鼎耳、腹显牛首侧面、正面形象，约 20 处。

牛属哺乳纲，偶蹄目。《说文解字》：“牛，大牲也。牛，件也；件，事理也”。

商代甲骨文中有“牛”字，像牛首形。在数以百计的卜辞中有与牛有关的刻辞事迹，主要涉及在多种形式的祭祀（如献、燎、御、侑、肜等）活动中用牛作为牺牲（如卯、伐、沉等），用牛数量在一头至千头不等，颜色可见黑、白、黄。祭祀对象有帝、母、风、河、岳等。

商文化遗存有殉牛坑，墓葬中可见牛肢体遗骸。在铜器、陶器、玉器、石器、骨器上出现牛造型形象。牛骨成为占卜刻辞的主要载体。

牛首作为鼎体的一种主要纹样，以锐角、大口形象令人敬畏，显示牛属于具有灵性的动物。

3. 龙，以弓形角、曲体为特征。分布在鼎体四面两侧纵向带状纹饰中部，呈上升态势。可显龙侧面、正面形象，计 12 处。

龙，属传说中具有神秘力量的动物。《说文解字》："龙，鳞虫之长，能幽能明，能细能巨，能短能长，春分而登天，秋分而潜渊。从肉，飞之形。"

商代甲骨文中，有"龍"字，像龙体形。在数十例卜辞中显示与龙有关的事迹。商文化遗存，在铜器、玉器、石器出现龙造型形象。

有学者研究认为，"龍"在卜辞中，或作神祇名，与雨水有关，或用作方国（族、地）名，或作祖先称谓[6]。

殷墟西北岗商代大墓 1500，南墓道有石龙、石牛、石虎组合排列，有学者认为这一遗迹现象具有引导墓主灵魂升天的作用[7]。

4. 羊，以大曲度弧形弯角为特征，分布于四个鼎足，显示羊首侧面、正面形象，计 16 处。

羊属哺乳纲，偶蹄目，种类较多。《说文解字》："羊，祥也。从𦍌，象头角足尾之形。"

商代甲骨文中有"羊"字，像羊首形。在数以百计的卜辞中有与羊有关的刻辞事迹。主要涉及在多种形式的祭祀（如鄉、燎、御、侑、肜、刚、乇等）活动中用羊作为牺牲，用羊数量在一只至数百只不等，色可见黑、白。祭祀对象有先王（妣）、神祇、河、岳、雨等。

卜辞记载商代存有羊氏（族、国、地）。

商文化遗存有殉羊坑，墓葬中可见羊肢体遗骸。在铜器、陶器、玉器、石器、骨器上出现羊造型形象。

上述现象显示，羊在当时属吉祥动物。

5. 人，以正面人首的形式，出现在鼎耳外侧上部，可见2处。

这两处人首脸型上宽下窄，双耳较大，中字形面阔、短额、浓眉、单眼睑、梭形目、宽颧、阔鼻、神态安详等特征相类似。相类的正面人首形象还见于西北岗1400大墓中所出青铜人面像（R001116、R001766）、妇好墓出土青铜钺（799）。

甲骨卜辞中存有杀伐人牲祭祀的记录，数量有一人至数十人不等，显示族属者多为羌人。妇好墓出土青铜钺属刑罚之器。

安阳殷墟考古发掘所见，殉人现象较为普遍。杀殉人牲多见砍头现象，如西北岗1400大墓中不仅出有青铜人面像，而且还有数十个分层排列的人头。259号墓出土的青铜甗中存有蒸煮人首现象。

有学者曾据人首应虎口的图样，在探讨人虎关系时认为与巫术或巫师[8]有关。据上述现象判断，此处出现的人首可能属杀殉牺牲。

6. 待考动物，12 个单体纹样，以 3 个一组，两组相对呈二方连续图案环两鼎耳外缘，以云纹为底纹，以尖阔嘴、双翅、叉尾为特征。相类动物形象，除司母戊鼎耳外缘外，在安阳殷墟还见于妇好墓铜觥鼻梁部位（M5∶803）[9]，左方盉颈部[10]。殷墟之外，还见于凌源海岛营子窖藏出土的史伐卣[11]。

对于这一纹样，学界或认为是鱼[12]。商代甲骨文中有“鱼”字，像鱼形。在数十条卜辞中记有与鱼有关的事迹，主要内容涉及捕获与祭祀。商文化遗存中有鱼骨骸，经鉴定有鲤鱼、草鱼、鲻鱼、青鱼、黄颡鱼、赤眼鳟等种类[13]。在铜器、陶器、玉器等遗物上也可见到鱼造型形象。观察这一图像，其分叉的尾与鱼尾相似，这大概是鱼说的主要根据。或认为属于蝉纹[14]，是商代晚期颇为流行的一种纹饰。

笔者观察这一纹样，感到除释为鱼、蝉外，或存有其他解释的可能（图二十一）。

（1）鸟。该图像嘴吻部造型在殷墟文化器物图案中，也见于蝉、蜥蜴、龟等动物形象嘴吻部位，这些动物具有飞翔、爬行、水族不同的习性。鸟是一种兼有空中、陆地和水面上生栖的动物。图像两侧凸起部位，或可理解为两翼（飞翔）。尾部或可与燕尾比拟，与甲骨卜辞“”特征相似。

文献记载商人有崇鸟的习俗（如《诗经·商颂·玄鸟》）。《史记·殷本纪》有这样一段文字记载，显示鼎耳与鸟的联

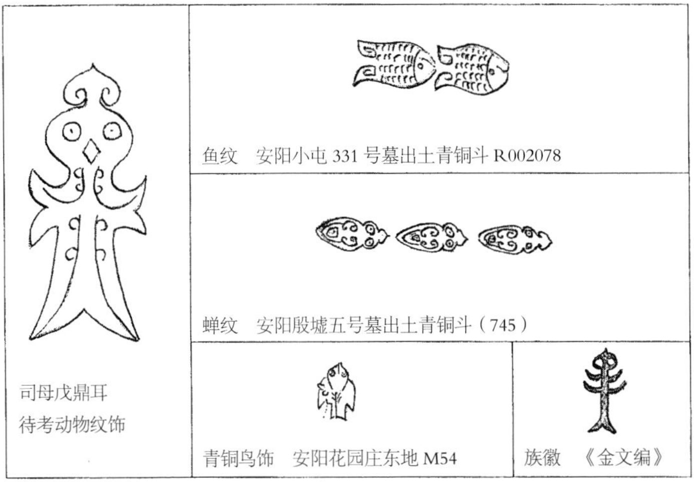

图二十一　司母戊鼎第一种一类戊群纹饰寓意类比推断示意

系：

“帝武丁祭成汤，明日，有飞雉登鼎耳而响，武丁惧。祖乙曰：王勿忧，先修正事。”

在可以确认的商代鸟形图案中未见到与此纹样相同的形象，或因这一图像为俯视、轴对称、二方连续的设计形式而有别于其他侧面表现的鸟类图像。

（2）族徽图案。在商代金文显示的族徽中，有一例族徽“”的特征与这一图案具有相似之处，有学者依据字形释为“鸟”或“虫”[15]，或认为像六足四翼蜻蛉[16]。此类族徽见于商代青铜器鼎、觯、卣、尊体，除单独使用外，多见与“”组成联合族徽。“”族，有学者认为主要活动于河北省中部，与传说中的共工氏有关。由此推断，使用“”族徽的古族应距此地域不远。甲骨文中有与之相类的文字“”，相关卜辞内容显示其为族标示，与商王朝有一定的联系（贞、呼），对商王朝有入贡（入），参与祭祀活动（御）等事迹。有学者推断其地望约与东周卫邑戚城同[17]。

二类，几何类。

1. 雷纹，作为辅助性纹饰，铺设在人兽类主体纹饰的底部，用作底纹。

雷为常见的自然现象，其能量令人敬畏，在古人心目中释为神祇。甲骨文中有“雷”（隶定），卜辞存有与之相关的祭祀活动。

2. 云纹，作为辅助性纹饰，出现在人兽类主体纹饰上下；作为底纹随主体纹饰分布空间排列；作为主体纹饰的补充排列其上，形成多重花纹。甲骨文中有“云”（隶定），卜辞存有与之相关的祭祀活动。

云为常见的自然现象，给人以隐约莫测的神秘感。

3. 扉棱，作为辅助性纹饰，或作图案为饕餮纹的对称基线，或装饰鼎体的转角部位，或为器类等级象征。

4. 弦纹，作为辅助性纹饰，饰于柱足下部。圆柱形鼎足因产生单元分割而不失敦实的视觉效应。

笔者以为，先秦时期纹饰是在当时历史背景下设计形成的具有特定含义的纹样。这些既有写实形象，又有抽象符号特征的纹样，除装饰意义外，多蕴含设计者赋予其中的理念。对于属精神层面且距今时代久远的纹样含义，当今学者综合美学、宗教、社会、哲学、考古、文献等多学科知识，力图予以阐释。由于学界对当时宗教信仰、天文历法、社会文化等历史信息尚处于探索之中，具体到司母戊鼎，其出土地点、放置状态、埋藏性质等，都会对解读纹饰精神层面含义不同程度地产生影响。囿于笔者学力浅显，依疏略观察所提推断，意在引起专家关注，推动相关探究深入。

注释

1 张恩言：《国宝罹难录——殷墟司母戊鼎出土前后》，《中州今古》1984年第2期。邵慎之：《安阳探古殷代祭器出土记》，《申报》1946年10月27日，第3张。

2 平庐：《司母戊大鼎（封面说明）》，《大陆杂志》第2卷第5期，1951年。曾昭燏：《〈司母戊鼎〉前言》，《曾昭燏文集》，文物出版社，1999年。胡厚宣：《殷墟发掘》，学习生活出版社，1955年。于省吾：《司母戊鼎的铸造和年代问题》，《文物精华》第3集，文物出版社，1964年。

3 [魏]王弼、韩康伯注，[唐]孔颖达疏《周易正义》卷一“风从虎”。[疏]“虎是威猛之兽，风是震动之气，此亦是同类相感。故虎啸则谷风生，是风从虎也。”[清]阮元校刻：《十三经注疏》，中华书局，1980年，第16页。

4 冯富根、王振江、白荣金、华觉明：《司母戊鼎铸造工艺的再研究》，《考古》1981年第2期。

5 万家保：《商代几件大青铜方鼎铸造方法的商榷——兼评〈司母戊鼎铸造

工艺的再研究〉》，《大陆杂志》第63卷第4期，1981年。

6 刘一曼：《略论甲骨文殷墟文物中的龙》，《三代考古》（一），科学出版社，2004年。

7 苗霞：《殷墟出土的虎类遗物探析》，《考古学集刊》（18），科学出版社，2010年。

8 张光直：《死，还是生——关于“虎食人”的讨论》，《青铜挥麈》，上海文艺出版社，2000年。

9 中国社会科学院考古研究所编著：《殷墟妇好墓》，文物出版社，1980年，第61页。

10 《世界遗产·中国殷墟》，中国对外翻译出版公司，2008年，第105页。

11 朱凤瀚：《古代中国青铜器》，南开大学出版社，1995年。

12 于省吾：《司母戊鼎的铸造和年代问题》，《文物精华》第3集，文物出版社，1964年。曾昭燏：《〈司母戊鼎〉前言》，《曾昭燏文集》，文物出版社，1999年。

13 伍献文：《记殷墟出土之鱼骨》，《中国考古学报》第4册，商务印书馆，1949年。

14 金祥恒：《释后》引董彦堂语，《中国文字》第3卷，1962年12月。

15 邹衡：《关于夏商时期北方地区诸邻境文化的初步探讨》，《夏商周考古学论文集》，文物出版社，1980年，第289–290页。

16 丁山：《甲骨文所见氏族及其制度》，中华书局，1988年，第111页。

17 丁山：《甲骨文所见氏族及其制度》，中华书局，1988年，第114页。

司母戊鼎制作场景蠡测

司母戊鼎自1946年收归国有以来，学者通过器形、范线观察，物理探测，模拟实验，参照相关考古材料等方法对其造型设计、铸型工艺、熔铜浇铸、铸件完成等工艺及流程进行推测，提出初步认识。笔者在学习相关材料与前人研究成果的基础上，试蠡测大鼎制作场景。

一、制作

参照殷墟铸铜遗址发掘材料及前人认识，笔者推断，制作大鼎应经过设计、铸型、铸造、修饰等工序流程。

1. 设计

（1）设计源于创意，创意出自用途与寓意。

大鼎呈长方形，内壁铸有铭文，据学者对大鼎铭文释读判断，其用作祭祀一位周祭排序在戊日的先妣（多认为是作器者的母亲），作器者为一代商王。这一用途决定大鼎体征规格属王室重器。

体饰多重花纹，以主题纹样带为单元，运用轴对称、二方连续形式，统一协调各单元图案，使鼎体上下、左右纹饰题材均衡对称，整齐划一，取得凝重肃穆的视觉效果。

（2）模型，指按设计理念，制作小的器物模型。

夏商考古所见，夏代二里头文化、先商文化发现有小陶方鼎。商代二里岗文化、殷墟文化发现有小陶方鼎。

有学者认为这些小陶方鼎或是模型，意味着已经开始铸造铜方鼎了[1]。也有学者认为这些小陶方鼎应是事先设计制作的小样模型，以此为样式放大比例制模翻范[2]。笔者推测，考古发现商代后期出现的小铜方鼎，不排除其先具模型、后为实用器的可能性。

2. 铸件

铸件指所要铸造的器物，需要依次完成若干工序。

（1）铸型

铸型指铸件外面的外范和铸件里面的内范、泥芯、填范，由此构成铜液流入的型腔，从而得到冷却后生成的铸件。因此，铸型是将设计理念付诸实现的一个重要环节。参照相关殷墟考古材料与学者研究成果，推知商代晚期铸型大致分几道工序。

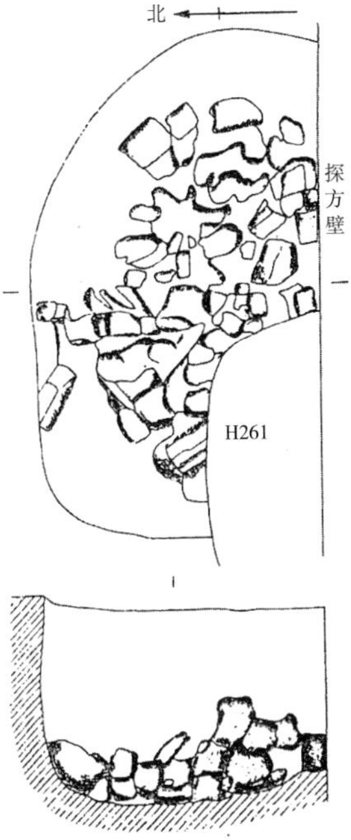

图二十二　殷墟铸铜遗址范土备料坑示意（说明：孝民屯）

备料。安阳殷墟考古发现，除少量用于制作工具的石范（苗圃北地，红褐色砂岩）外，铜礼器铸型多利用可塑性强的黏土作为成型原料。在殷墟铸铜遗址部分建筑基址室内（如孝民屯铸铜遗址）或灰坑底部（图二十二）堆积许多形状不一、呈浅黄色、含细沙、结构较紧密的生土块（如孝民屯铸铜遗址），因与出土陶模范样品的土质成分非常接近，考古工作者推测应是制作模范的备料。有学者对殷墟出土陶范作岩相分析，认定为本地黄土经水洗，除去多余的黏土，提高其中粉沙的比例。用这种材料制作陶范，可以增加孔隙率，提高陶范的抗热震性，有助于在浇铸过程中从铜液中吸收气体以降低铸件的孔隙率[3]。据报道，20世纪90年代，文物保护工作者曾在大鼎足内剔出范土[4]，如果这些被掏出的范土还在，可供取样化验对比。

制模。模是制作器物的初形。殷墟铸铜遗址考古发现不少陶模碎块，特征为细泥质，含细沙，多呈淡红色或浅灰色，可辨主体模、足模、纹饰模等。考古工作者观察拼合破碎陶模后，认为可分为整体模、分模（组合模）、附件模等不同形式。小件器物一般为整体模，较大的器物多采用分模组成整体模。

由于没有拼合复原完整大鼎内模遗存，所以学者依据铸型原理或模拟实验对大鼎的芯模作出推断。首先用陶土做模子，大小外形与大鼎相同，模子可以是实心的，在有突出花纹处另附泥块，模子做成后在上面描绘、雕刻出花纹，然后用火焙烧，以增加模子的坚固程度[5]。

有学者通过模拟实验，认为是分型制模，长方形鼎两个相同的大面及两个相同的小面，用一个模就可以实现翻范。考虑到常规的铜收缩率为2.2%–2.5%，泥芯需要预备约2.42厘米的退让性。铭文则是在模子上制作的[6]。

模子倒扣在泥土的台座上（它也是一块范），然后开始制（翻）范[7]。

制范。殷墟铸铜遗址发现许多陶范残块。陶范系用模制（整模翻制、分模翻制）、手制（填范、内范）等方法制成，根据使用部位不同分为外范、芯范（多为实心体）。其中可辨与鼎有关的范有外范（腹、口沿）、内范。范上的纹饰，主要是由模子上翻印的（有学者认为大鼎纹饰是在范面制作的[8]），经过修整使其清晰、均匀。铸铜遗址发现的存有底铺木炭和未经焙烧的似芯范的泥块、范块的灰坑，陶窑等遗存，表明成型的陶范还要经过修整、晾干、焙烤后才能使用[9]（图二十三）。

有学者根据范经干燥、烘烧会发生收缩的现象，估计大鼎腹范最大面积应大于 166 厘米 ×79 厘米甚多，厚度假定为 5 厘米。陶范的烘烧应在倒焰式陶窑中进行，温度在 700 摄氏度左右[10]。焙烧时间需要 3–5 天[11]。有学者将大鼎口沿中部外凸、

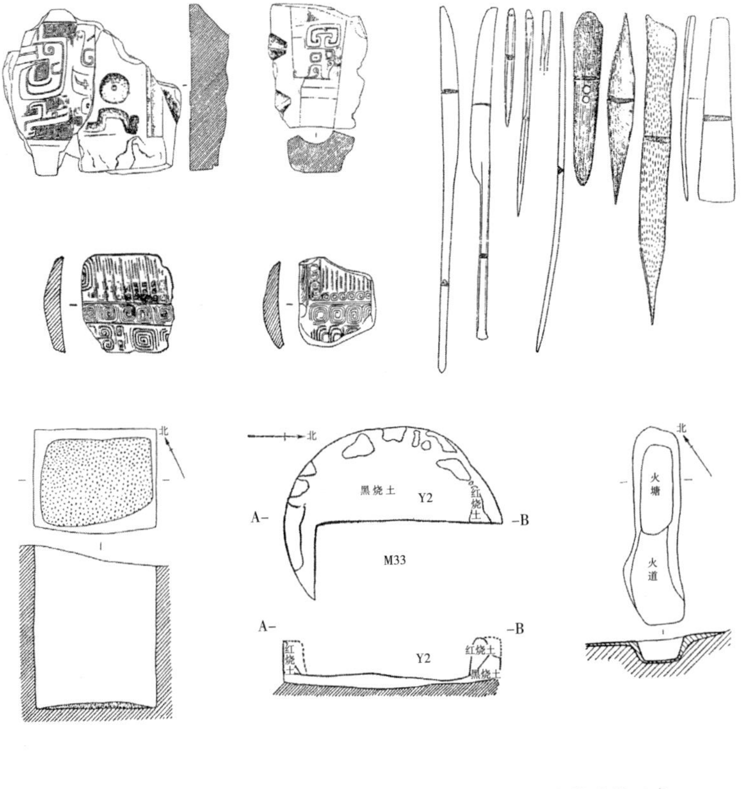

图二十三　殷墟铸铜遗址陶鼎范、制范工具，阴（烘）干陶范遗址示意

（说明：部分陶鼎范、制范工具、陶窑，苗圃北地；部分陶鼎范、陶范阴干坑、灶，孝民屯）

四个边缘存有缺陷的原因归于大鼎范在阴干、焙烧过程中发生不同程度的变形[12]。

由于未有拼合复原大鼎陶范，学者或观察范线，结合X光探测，或根据铸造实验，推测大鼎用范数量，提出不同认识（表十）。

表十　铸造司母戊鼎用范数量研究成果示意

公布人	腹	底	足	顶	耳	浇口	侧	内	计（块）
杨根等[13]	8	4	12					4	28
于省吾[14]	8	4	8	√					不少于20
《中国古代冶金》[15]	32	4	12						48
冯富根等[16]	28	1		不少于4	4			芯1	不少于38
宋淑悌[17]	24	1	芯4	4	14	√	4	芯1	不少于52
董亚巍[18]	4		芯4					芯2	10

（2）铸造

铸造是将熔炼化铜液浇入由内外范合成的型腔，待冷却后形成固态铸件的过程。

铸型装配，将铸型合成型腔是铸造的第一工序。对于大鼎主体铸型合成，学者作出不同推断。

一种推断是用数十块范、芯作上下、内外围合，其间用泥芯撑形成型腔，浇口在足部（图二十四，1–4）。

另一种推测是4块外范夹包2块内芯、4个足芯，其间用泥芯撑形成型腔，浇口在腹底（图二十四，5）。

安阳殷墟考古，在苗圃北地铸铜遗址发现有安置在地面上呈方形或长方形型座（PNIVF1：1，残高26厘米、东西长117厘米、南北残长36厘米），东南、西南两角为直角，下边齐

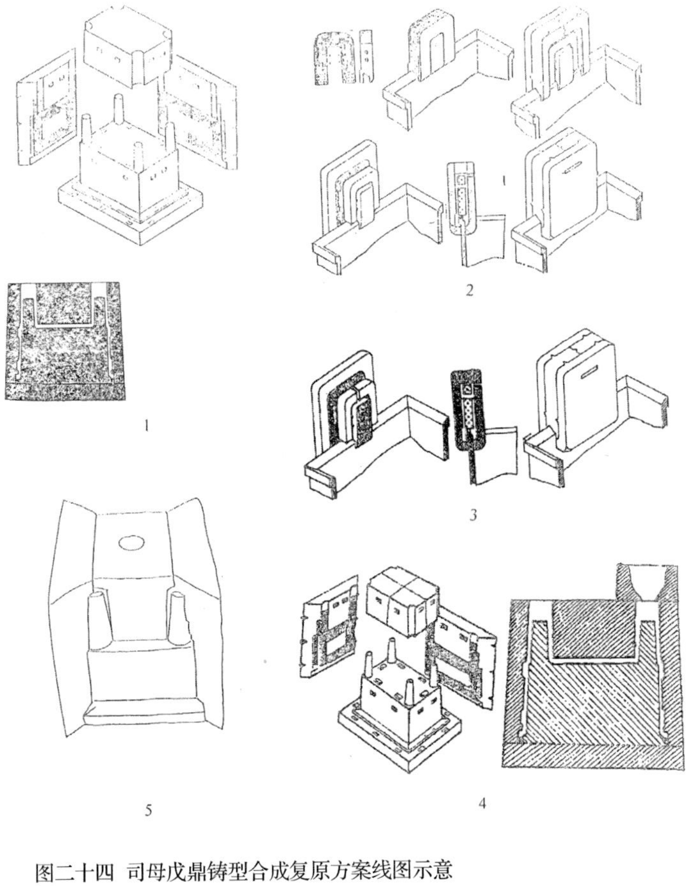

图二十四 司母戊鼎铸型合成复原方案线图示意

（说明：1、2冯富根等复原方案，3、4宋淑悌复原方案，5董亚巍复原方案）

平，上边收缩成铸件的内范。型座与内范是一个整体，用含细沙的黄土夯成。两侧有长方形或长三角形的榫。外范为泥胎，各面当为一整扇，上有一个长方形的眼，可与内范上的榫相对应。在外范的背面中部各有一个竖直的柱洞。考古学者据此对商代大型青铜器铸型合成进行复原推测（图二十五）。

有学者据这一考古遗迹推断，大鼎主体铸型应为倒置于型座上的 1 个内芯（范）和四面合围的 4 个外范，其间使用泥芯撑 12 个形成腔隙。

合金备料，熔炼铜液需要铜料。安阳殷墟铸铜遗址发现有扁平长方形铜块，经分析，含铜 97.21%、锡 2.71%，另有少量铅、银、铋[19]。对大鼎耳部取样分析，含铜 84.77%、锡 11.64%、铅 2.79%，另有其他微量元素[20]。这一现象显示，铸铜遗址备有冶炼好的金属料，可按照铸件的性质配置、熔炼合金。学者对铸造 875 公斤的大鼎所需准备铜料有 1200 公斤左右[21]、1500 公斤[22]，化铜近 2000 公斤[23]等不同估计。

熔铜浇铸，安阳殷墟出土熔铜器具，系取当地黄土，经水洗降低黏土含量，在提高孔隙率的基础上，再掺和植物纤维（如稻、秸秆）增加孔洞，以提高隔热性能[24]。

对用于熔铜浇铸铜液的器具，最早认为是在殷墟出土的一种像“将军盔”的陶坩埚中炼成。经测试，每个坩埚熔铜约 3 升[25]或约 12.5 公斤，或者认为使用更大一些的坩埚，系用大口尊内外涂泥后应用，熔铜约 25 公斤。对大鼎主体型腔的浇注，

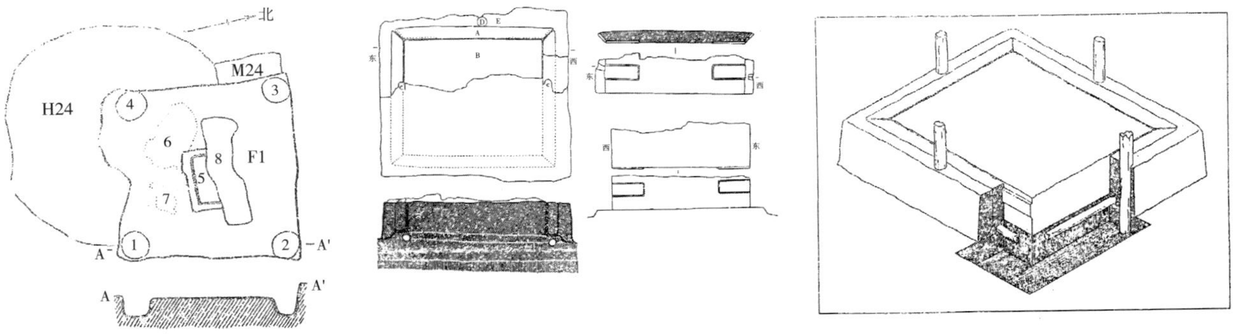

图二十五　殷墟铸铜遗址出大方鼎范半地穴式房址、大方鼎范及陶范安装示意

（说明：苗圃北地）

学者推测，如果用“将军盔”式的坩埚熔铜，需要数十个连续浇注[26]。也有学者认为其应为盛铜工具，浇铸用的“浇包”[27]。近年，有学者据孝民屯出土“将军盔”内部少见铜渣残留现象，认为将军盔与铸铜的关系还值得分析研究[28]。

殷墟铸铜遗址发现有直径30–108.5厘米草泥熔铜炉，炉壁可区分出炉衬、基体、草泥壳、加固四层。炉壁黏附铜渣和木炭颗粒，显示其为内燃式炉。其他与熔铜有关的遗物还有陶管（学者推断作为鼓风用具）等遗物[29]（图二十六）。

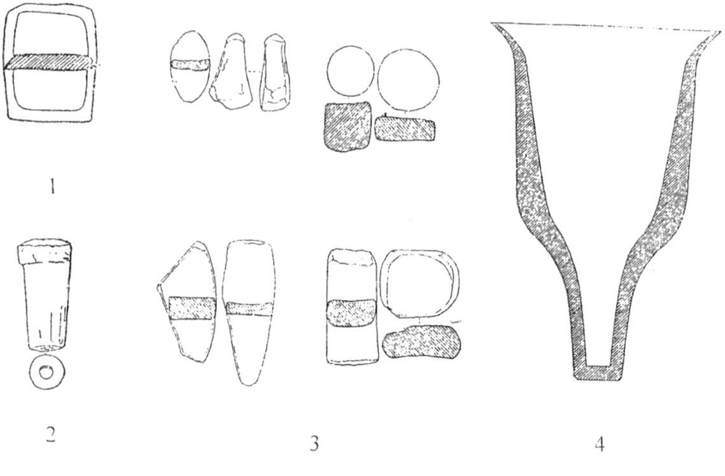

图二十六 殷墟铸铜遗址出土铜锭、陶管、将军盔、磨石示意
（说明：1. 铜锭　2. 陶管　3. 磨石，均苗圃北地　4. 将军盔）

有学者推断，如果用熔炉熔铜，则用六座炉分为三组，每组两座，将铜水泻入型内[30]。也有学者估计浇铸大鼎所需铜液，

有三座内径60–70厘米的熔炉即可以供应上[31]。还有学者据1立方米纯铜为8.932吨，古铜应超过9吨，假设大鼎重1.5吨，只需熔化四分之一立方米的铜料，因此认为只需一座熔炉直接浇铸即可，并根据气候环境和大鼎范的干燥程度推断，可能在夏天制模、范，冬天焙烧和浇铸[32]。

（3）修治

浇注铜液冷却凝固后，除去外范，脱离内芯，即可得到铜器铸件。殷墟铸铜遗址出土大量用于打磨的粗砂、细砂质磨石，石刀等石质工具，显示铜器铸件需要经过的铸后打磨清理等工序。

（4）成品

大鼎主体铸型经浇铸、补铸足底部后，去范，脱芯，得到主体铸件。然后在口沿上加铸耳，打磨清理后，终得整体铸件（图二十七）。主要特征为：

通高约133厘米，长约110厘米，宽约79厘米。体征比例，器高与长比例约为1.21∶1。腹长与宽比例约为1.39∶1，腹高约49.9厘米，与长比例约为1∶2.2。耳、腹、足高分别约为36.1厘米、49.9厘米、47厘米，占与器高的比例分别约1∶3.7、1∶2.7、1∶2.8。

自耳至足，装饰由云雷纹为底纹托浮兽面样的多层花纹，一面长腹内壁铸有阴文“司母戊”。

现重800多公斤。观察大鼎出土后公布的重量数据，不难

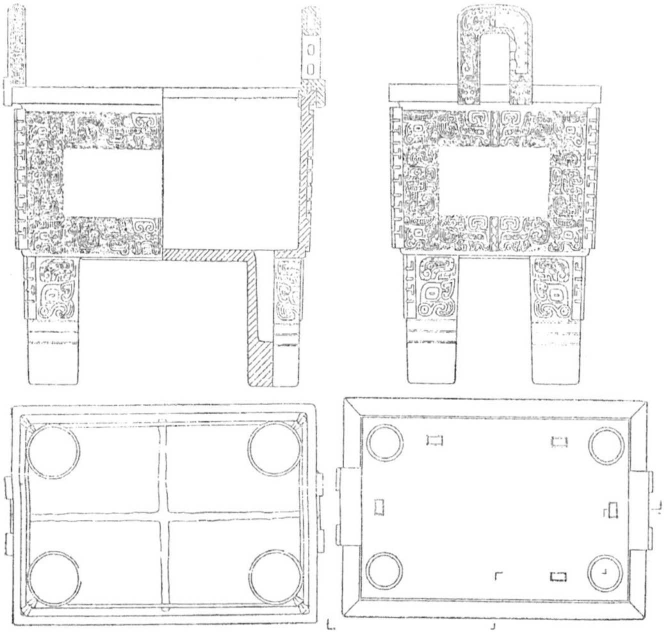

图二十七　司母戊鼎线图
（采自《考古》1981 年第 2 期）

看出存在减重现象。有学者认为这些重量数据均是经过 3000 年铜流失所得重量，如果没有铜的流失，大鼎重量应在 1 吨（1000 公斤）以上[33]。

壁平均厚度 3 厘米。X 光探测结果显示大鼎结构较为疏松，内部分布许多大小缩孔。学者分析，前者因铜块、锡块和木炭共存熔炉内熔炼导致多量杂质混入铜液所致；后者为铸件形制巨大，浇注时出现排气不畅，使部分气体滞留在体内形成[34]。

局部变形表现为长腹、口沿存在外鼓（约 0.8 厘米），扉棱错位现象，学者推断前者可能因内范对大鼎铸件收缩过程中的阻碍，或浇铸以后过早脱去外范，或泥范在烘干或阴干过程中变形所致；后者可能是因腹壁外鼓，合范时把长边的腹范两端各削去部分以配齐，扉棱处的范面也经修整所致[35]。另外，在大鼎一侧短腹右上角，近耳部右下侧，出现一块纵约 40 厘米、横约 25 厘米，呈不甚规则三角形状的痕迹，学者认为因浇注时外范不稳定[36]，或可能泥范未烘透[37]，或系泥芯质量导致范断裂[38]，因此进行二次补铸所致。

腹内壁及底面有一些不太规整约呈长方形的凹槽（内壁大面各 2 个，小面各 1 个，底 6 个，共约 12 个），学者认为是泥片芯撑遗痕并推测对这些凹槽进行过补铸，即用铜液将之填平[39]。

十字形筋，位于大鼎底部外侧。学者对其形成用途考察后，推测其起到加强筋作用，避免鼎底开裂与变形，或认为是将浇口设在鼎底中部的铜液流道形成[40]。

间隔空足，大鼎四足主体为空心，足壁与鼎腹厚度接近。据学者研究，主要是因为青铜收缩率约在 1.5% 以上，保持收缩时产生的应力一致，避免足与腹连接处的开裂[41]。同时，为解决承重的问题，在足下部留出部分间隔，以内范充实其中。这样既兼顾青铜收缩应力一致，又增加足部的承重力度。

二、场景

考古学研究对象是以往历史的遗存，通过对以往遗存的研究逐渐揭示曾经存在的史实。笔者以为蠡测大鼎铸造过程景观现象，对于大致推测当时的社会生活、生产与组织结构或可提供部分参考线索。

1. 场地。铸件需要铸造场地。安阳殷墟考古在小屯东北地，位于小屯南部的苗圃、高楼庄、大司空村，位于小屯西部的孝民屯发现有铸铜遗存。有学者将这类遗存归为三处[42]（图二十八）。

小屯东北地铸铜遗址，面积1万平方米以上。出土有方鼎铸范。考古学者推断其时代上限可早到洹北商城时期，下限在殷墟文化二期以前。

苗圃北地铸铜遗址，面积不小于1万平方米。出土有大方鼎铸范。考古学者推断其时代在殷墟文化一期至四期。

孝民屯铸铜遗址，东西两区面积约5万平方米。出土有方鼎范。考古学者推断其时代在殷墟文化二期至四期。

由于学界将大鼎考古学编年判定在殷墟文化二期至三期，从年代上排除小屯东北地铸铜遗址为大鼎制作场地的可能性。据此判断，大鼎的铸造场地应在苗圃北地或孝民屯铸铜遗址。如果考虑制作地与出土地武官村的间距，以孝民屯铸铜遗址较

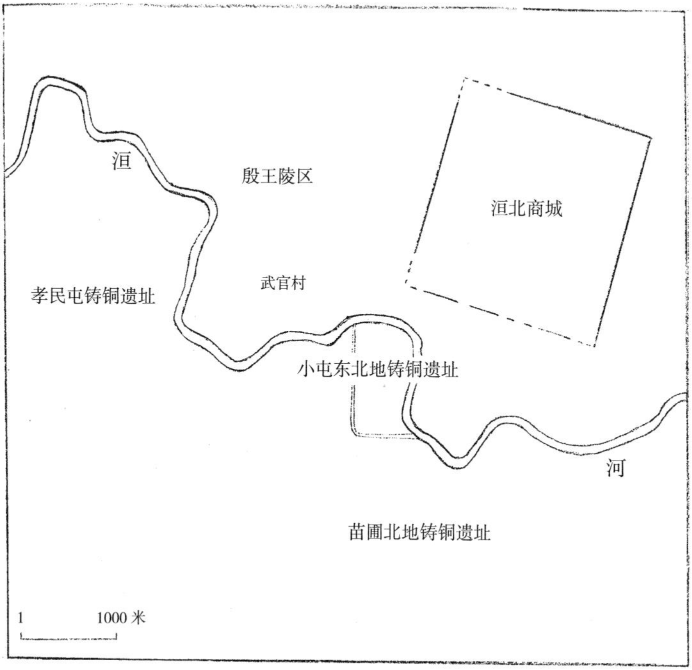

图二十八　殷墟主要铸铜遗址分布示意
（说明：上方为北）

近，且铸铜规模较大，有生产大型铜器型座及方鼎遗存，在此制作生产大鼎的可能性相对较大。

2. 环境。上述殷墟铸铜遗址[43]，大致呈三角形分布，其所在位置相对邻近西北－东南蜿蜒流经殷墟遗址的洹河。

3. 生产。殷墟铸铜遗址面积在 1 万平方米以上，显示具有相当的生产规模。据苗圃北地、孝民屯考古发现，与铸铜生产有关的主要遗存有：

灰坑。有些灰坑显示其与铸型取土、备料、废弃物堆积有关的迹象。学者依包含物的特点区分为取土、范土沉淀、范土堆积、范土阴晾等不同功用[44]。

陶窑。平面呈圆形，径在2米以下。

烧土或姜石硬面，表面有火烧痕迹，烧土硬面剖面分层为多次利用形成，与之伴出的遗物有陶范坯子、熔炉残块。在烧土硬面旁边有土坑，内有陶范坯子和碎陶范。有的硬面上存有已被烧成红烧土状的草泥土柱，其下的硬面残存有几道成流向的灰色发亮的倾斜流面。学者推测土柱可能用来支撑熔炉，倾斜流面可能是浇注铜液的流道，这些硬面可能是焙烧陶范或熔铜的场地[45]（图二十九、左）。

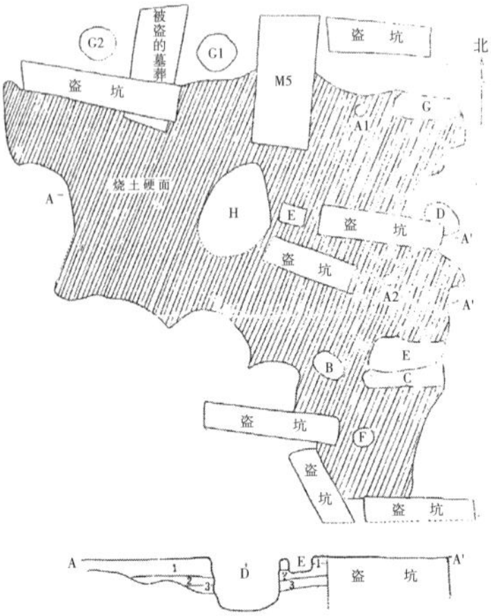

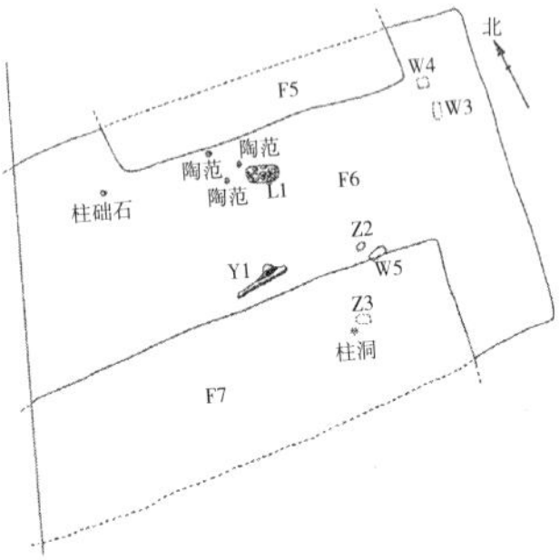

图二十九　殷墟铸铜遗址烧土硬面、房址遗迹示意
（说明：烧土硬面，苗圃北地；房址，孝民屯）

建筑。与铸铜有关的建筑依特征分为两类。地面建筑，长方形、夯筑围墙，室内存有陶范，室外有大量陶范与坩埚。有的室中部发现有陶窑，陶范、熔炉残块，应当具有烘烤陶范、熔铜的功能（如孝民屯 F6，图二十九、右）[46]。地穴式建筑，圆形、椭圆形、不规则长方形，斜坡状或台阶通道，底部存有陶范、磨石、熔炉、熔铜器皿残块。发现有大方鼎铸型座（如苗圃北地 PN Ⅳ F1：1）和大型圆口铜器底范（如孝民屯 F54、F43）。学者判断为铸造大型铜器的工棚[47]。

祭祀。发现有与熔铜残块、碎陶范、磨石等与铸铜活动有关的遗物共存的牛骨坑（如孝民屯 2001AGH27），学者推测可能与铸铜祭祀活动有关[48]。

主要遗物，有陶模，陶范，熔铜原料铜块，熔铜坩埚、熔炉，陶管，燃料木炭，修治模范及铜器的铜工具（刀、锥）、骨质工具（锥、片）、磨石等。

4. 生产者

考古学研究既要研究历史遗存，也要通过遗存揭示当时的社会（人）的活动。然而，学者面临的现实是逝去的场景不复存在，历史遗存也残缺不全。殷墟苗圃北地、孝民屯铸铜遗址考古发现有与生产者日常生活有关的遗存，可以作为勾勒生产者生活场景的线索。

居住，多为长方形地面建筑，有夯土围墙。有单间、双间、三间之别，室内有单层或用姜石粉、小卵石分层铺垫，上层经火烧烤的居住面，分布有灶、储存坑。房子外面有大面积路土遗迹[49]。在房址周围分布有圆形或椭圆形储藏坑，有的设有多级台阶。

水道，用水除来自临近的洹河以外，还有水井。引水设施用陶质水管连接铺设的地下管道[50]。

墓葬，苗圃北地、孝民屯铸铜遗址均发现有墓地。成人墓多为长方形竖穴土坑，底部多有腰坑，多用木棺，少数使用棺椁。以仰身直肢为主要葬式，部分俯身葬式。随葬品有铜器、陶器、玉器、骨器、蚌贝、石器等。儿童葬多为瓮棺葬，埋葬在居室周围。

祭祀，考古发现房址下奠基坑内有儿童头颅或牛祭祀的遗迹。孝民屯发现用沟围起来的祭祀区，其中有用人、猪牺牲的遗迹[51]（图三十、左）。

物用，礼器类：青铜鼎、甗、簋、卣、觚、爵，铃；玉璜、玦、瑗、环、璧、柄形饰；石璋、圭形饰、环、柄形饰；白陶残片；象牙器。装饰类：玉钏、簪、兽、虎、牛、鸟、鱼、蝉、螺、管、环、饰；绿松石管、坠、三角形饰、珠；骨笄、饰管、泡；蚌泡。食容具：硬陶瓿；青灰色釉陶；陶鼎、鬲、甗、甑、簋、豆、盘、觚、爵、尊、罍、小壶、盆、盂、罐、瓮。工具类：青铜锛、凿、小刀、三棱器、端刃铜条、端刃铜牌；玉刮削器、凿；骨锥、铲；蚌镰；木耒；陶箕斗、纺轮、网坠；石镰、铲、球、刀、锛、砂石条、磨石、滑石粉。

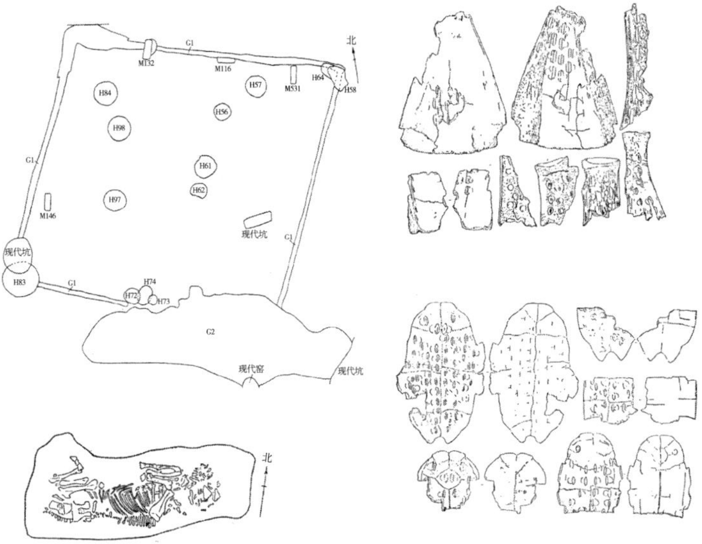

图三十　殷墟铸铜遗址祭祀、占卜遗存示意

（说明：围沟祭祀区，孝民屯；殉马坑、占卜甲骨，苗圃北地）

兵器类：青铜戈、矛、戣、镞；铅戈；石戈、戚；骨镞；玉戈、刀。占卜类，以龟甲、牛肩胛骨、人骨为材料的占卜遗存卜骨（图三十、右）。编织，发现有织物痕迹、彩绘麻布[52]和似用芦苇类编织纹理呈人字或十字形的席痕[53]。漆器有红、黄、黑、白色，菱形图案。在铜器、陶器、骨料、磨石上刻有字符[54]。

动物遗骸：牛、马、猪、羊、鸡、犬、麋鹿、鱼、蚌、蛤、贝、蛤蜊、螺。

层级现象，长方形地面建筑。有的居址筑造工艺较为讲究，挖基，夯筑围墙，室内面积较大，有单层或用姜石粉、小卵石，分层铺垫，上层经火烧烤的居住面。有的无夯土围墙。不同材质工具既因攻治对象不同（泥土、金属），也有劳作分工不同（取土、制范、整治），还显示使用者的地位等级（掌握较高技术水准的生产者与从事技术含量较低工作的生产者）。较大面积竖穴土坑墓室，漆棺椁，随葬品数量较多，有青铜礼器、玉礼器、象牙器、白陶、釉瓷等显示身份地位较高。墓室面积相对较小，随葬品数量相对较少，随葬品以陶器为主，有小玉饰件、小件青铜工具、骨器、石器等显示地位较低。墓室面积更小，只随葬少量陶器、石质工具显示地位更低。

族群现象，主要表现为埋葬姿势（仰身葬与俯身葬）与方向的显著差别，应是不同族属人群的表现。苗圃北地商墓出土铜器铭文“”“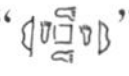”“”和孝民屯商代墓葬出土铜器铭文“”“”“”“”是不同族属（或联合）族徽的标示。

综上所述可知，位于宫殿区（小屯）周边，临近洹水的铸铜作坊，生活着一个有数以百计的工匠组成的生产群体，其中有管理者、高级工匠、一般工匠的等级划分。综合出土铜器铭文族徽与东周文献有关记载（如《左传·定公四年》）判断，这个群体内部以族属为单位，按技能水准与专长从事不同工序的工作[55]。殷墟铸铜遗址遗迹显示除祭祀人牲为失去人身自由的人，其余与铸铜工作有关的生产者只有劳动分工与地位高低不同，均未丧失人身自由。卜辞中“司工”“尹工”“多工”“百工”“宗工”“执工”“北工”“左工”“老工”“我工”“祝工”等，表现出当时对“工”的管理、工的层级和职能分工。

对于铸造大鼎这样的重型铜器，完成设计后，需要来自不同古族、拥有不同技能的工人（如卜辞所记百工、多工）在管理者（如卜辞所记司工、尹工）督导下按程序完成生产。

首先由土工用骨铲、木耒在室外取土，水洗、过滤、沉淀、添加掺和料，为下一步制作陶范和熔铜浇铸用具备料。

接下来，由铸型陶工在特定的工作场地对范土使用夯筑或和泥片的方法为大鼎制作模范，使用青铜、骨、石工具进行纹饰，铭文进行细致的雕刻。制成的陶范就地阴干、焙烧并对变形处进行局部修整。这是一项技术要求很高的工序，其质量对大鼎铸件成型有着至关重要的影响。然后将这些大鼎模范就地装配合范，为即将注入的熔铜铜液形成型腔。这道工序技术要求也相当高，主要表现为型腔内部流出缝隙畅通，支点泥芯到位，这些因素对大鼎铸件成型具有决定性的影响。

由筑工在铸造场地附近修筑泥条盘筑的熔铜炉，制作熔铜、浇铸器具。卜人对大鼎浇铸事进行占卜，卜辞中有关于铸造活动的记录，如“丁亥卜大……其铸黄吕……作凡利惟……”（《甲骨文合集》29687），以卜知浇铸结果。

决定浇铸后，由炼工按比例配置铜、铅等金属料块，添加木炭，当炉中温度约达900摄氏度时，即可熔化成合金液体，通过预先烧烤形成的硬面流道泻出。由于目前尚未发现直通铸型的流道遗迹，不排除铜液先注入坩埚（浇包），然后由铸工将浇包中的铜液依次注入大鼎铸型的可能性。以往学者推测大鼎铸造工作场面大，需要数以百计人员参与（坩埚150人，加上制范、运输和管理，将近二三百人），使用“将军盔”那样的炼锅，把炽热合金液倾注范中铸成[56]。显然，了解当时如何将铜熔液浇注入铸型内的工艺，还有待今后考古发现相关的遗迹予以揭示。

浇铸完成，待冷却后除去模范，即得到铸件的主体。补铸耳、足跟，修补铸件缺陷。

最后，由磨工用磨石打磨铸件。

在大鼎浇铸过程中和完成铸件后，要进行用牛、猪、人作为牺牲的祭祀仪式，大概即卜辞所记“受工牢”。

这样，一件具有划时代意义的商代青铜重器按当时商王祭祀活动的需求，经设计、铸型、铸件等工序在专门的铸铜作坊中铸就产生了。

注释

1 邹衡：《试论夏文化》，《夏商周考古学论文集》，文物出版社，1980年。

2 李京华：《郑州商代大方鼎的拼铸技术试析》，《郑州商代铜器窖藏》，科学出版社，1999 年。
3 周文丽、刘煜、岳占伟：《安阳殷墟孝民屯出土两类熔铜器具的科学研究》，《南方文物》2015 年第 1 期。
4 宋淑悌：《司母戊鼎的 X 光检测及其铸造工艺》，《东南文化》1998 年第 3 期。高蒙河：《司母戊鼎的新重量》，《新民晚报》1999 年 11 月 17 日，第 21 版。
5 杨根、丁家盈：《司母戊大鼎的合金及其铸造技术的初步研究》，《文物》1959 年第 12 期。
6 董亚巍：《从范铸结构看司母戊鼎的范铸工艺》，《文物鉴定与鉴赏》2012 年第 10、11 期。
7 杨根、丁家盈：《司母戊大鼎的合金及其铸造技术的初步研究》，《文物》1959 年第 12 期。冯富根、王振江、白荣金、华觉明：《司母戊鼎铸造工艺的再研究》，《考古》1981 年第 2 期。
8 董亚巍：《从范铸结构看司母戊鼎的范铸工艺》，《文物鉴定与鉴赏》2012 年第 10、11 期。
9 中国社会科学院考古研究所编著：《殷墟发掘报告（1958–1961）》，文物出版社，1987 年。
10 万家保：《商代几件大青铜方鼎铸造方法的商榷——兼评〈司母戊鼎铸造工艺的再研究〉》，《大陆杂志》第 63 卷第 4 期，1981 年。
11 董亚巍：《从范铸结构看司母戊鼎的范铸工艺》，《文物鉴定与鉴赏》2012 年第 12 期。
12 杨根、丁家盈：《司母戊大鼎的合金及其铸造技术的初步研究》，《文物》1959 年第 12 期。冯富根、王振江、白荣金、华觉明：《司母戊鼎铸造工艺的再研究》，《考古》1981 年第 2 期。
13 杨根、丁家盈：《司母戊大鼎的合金及其铸造技术的初步研究》，《文物》1959 年第 12 期。
14 于省吾：《司母戊鼎的铸造和年代问题》，《文物精华》第 3 集，文物出版社，1964 年。

15 北京钢铁学院《中国古代冶金》编写组：《中国古代冶金》，文物出版社，1978年。

16 冯富根、王振江、白荣金、华觉明：《司母戊鼎铸造工艺的再研究》，《考古》1981年第2期。

17 宋淑悌：《司母戊鼎的X光检测及其铸造工艺》，《东南文化》1998年第3期。

18 董亚巍：《从范铸结构看司母戊鼎的范铸工艺》，《文物鉴定与鉴赏》2012年第10期。

19 中国社会科学院考古研究所编著：《殷墟发掘报告1958-1961》，文物出版社，1987年。

20 杨根、丁家盈：《司母戊大鼎的合金及其铸造技术的初步研究》，《文物》1959年第12期。

21 冯富根、王振江、白荣金、华觉明：《司母戊鼎铸造工艺的再研究》，《考古》1981年第2期。

22 万家保：《商代几件大青铜方鼎铸造方法的商榷——兼评〈司母戊鼎铸造工艺的再研究〉》，《大陆杂志》第63卷第4期，1981年。

23 董亚巍：《从范铸结构看司母戊鼎的范铸工艺》，《文物鉴定与鉴赏》2012年第11期。

24 周文丽、刘煜、岳占伟：《安阳殷墟孝民屯出土两类熔铜器具的科学研究》，《南方文物》2015年第1期。

25 刘屿霞：《殷代冶铜术之研究》，《安阳发掘报告》第4期，1933年。

26 杨根、丁家盈：《司母戊大鼎的合金及其铸造技术的初步研究》，《文物》1959年第12期。

27 中国社会科学院考古研究所安阳工作队：《2000-2001年安阳孝民屯东南地殷代铸铜遗址发掘报告》，《考古学报》2006年第3期。

28 周文丽、刘煜、岳占伟：《安阳殷墟孝民屯出土两类熔铜器具的科学研究》，《南方文物》2015年第1期。

29 中国社会科学院考古研究所安阳发掘队：《1958-1959年殷墟发掘简

报》，《考古》1961 年第 2 期。中国社会科学院考古研究所安阳工作队：《2000–2001 年安阳孝民屯东南地殷代铸铜遗址发掘报告》，《考古学报》2006 年第 3 期。
30 冯富根、王振江、白荣金、华觉明：《司母戊鼎铸造工艺的再研究》，《考古》1981 年第 2 期。
31 朱凤瀚：《古代中国青铜器》，南开大学出版社，1999 年。
32 董亚巍：《从范铸结构看司母戊鼎的范铸工艺》，《文物鉴定与鉴赏》2012 年第 11、12 期。
33 董亚巍：《从范铸结构看司母戊鼎的范铸工艺》，《文物鉴定与鉴赏》2012 年第 11 期。
34 宋淑悌：《司母戊鼎的 X 光检测及其铸造工艺》，《东南文化》1998 年第 3 期。
35 杨根、丁家盈：《司母戊大鼎的合金及其铸造技术的初步研究》，《文物》1959 年第 12 期。冯富根、王振江、白荣金、华觉明：《司母戊鼎铸造工艺的再研究》，《考古》1981 年第 2 期。万家保：《商代几件大青铜方鼎铸造方法的商榷——兼评〈司母戊鼎铸造工艺的再研究〉》，《大陆杂志》第 63 卷第 4 期，1981 年。
36 于省吾：《司母戊鼎的铸造和年代问题》，《文物精华》第 3 集，文物出版社，1964 年。
37 冯富根、王振江、白荣金、华觉明：《司母戊鼎铸造工艺的再研究》，《考古》1981 年第 2 期。
38 董亚巍：《从范铸结构看司母戊鼎的范铸工艺》，《文物鉴定与鉴赏》2012 年第 10 期。
39 冯富根、王振江、白荣金、华觉明：《司母戊鼎铸造工艺的再研究》，《考古》1981 年第 2 期。董亚巍：《从范铸结构看司母戊鼎的范铸工艺》，《文物鉴定与鉴赏》2012 年第 10 期。
40 冯富根、王振江、白荣金、华觉明：《司母戊鼎铸造工艺的再研究》，《考古》1981 年第 2 期。董亚巍：《从范铸结构看司母戊鼎的范铸工艺》，《文物鉴定与鉴赏》2012 年第 12 期。

41 杨根、丁家盈：《司母戊大鼎的合金及其铸造技术的初步研究》，《文物》1959 年第 12 期。

42 岳占伟、刘煜：《殷墟铸铜遗址综述》，《三代考古》（二），科学出版社，2006 年。

43 中国社会科学院考古研究所编著：《殷墟发掘报告（1958–1961）》，文物出版社，1987 年。中国社会科学院考古研究所安阳工作队：《2000–2001 年安阳孝民屯东南地殷代铸铜遗址发掘报告》，《考古学报》2006 年第 3 期。殷墟孝民屯考古队：《河南安阳孝民屯商代房址 2003–2004 年发掘简报》，《考古》2007 年第 1 期。

44 王学荣：《安阳孝民屯殷墟西区》，《中国考古学年鉴 2004》，文物出版社，2005 年。

45 中国社会科学院考古研究所编著：《殷墟发掘报告（1958–1961）》，文物出版社，1987 年。

46 中国社会科学院考古研究所编著：《殷墟发掘报告（1958–1961）》，文物出版社，1987 年。中国社会科学院考古研究所安阳工作队：《2000–2001 年安阳孝民屯东南地殷代铸铜遗址发掘报告》，《考古学报》2006 年第 3 期。

47 中国社会科学院考古研究所编著：《殷墟发掘报告（1958–1961）》，文物出版社，1987 年。殷墟孝民屯考古队：《河南安阳孝民屯商代房址 2003–2004 年发掘简报》，《考古》2007 年第 1 期。

48 中国社会科学院考古研究所安阳工作队：《2000–2001 年安阳孝民屯东南地殷代铸铜遗址发掘报告》，《考古学报》2006 年第 3 期。

49 中国社会科学院考古研究所编著：《殷墟发掘报告（1958–1961）》，文物出版社，1987 年。殷墟孝民屯考古队：《河南安阳孝民屯商代房址 2003–2004 年发掘简报》，《考古》2007 年第 1 期。

50 中国社会科学院考古研究所编著：《殷墟发掘报告（1958–1961）》，文物出版社，1987 年。中国社会科学院考古研究所安阳工作队：《2000–2001

年安阳孝民屯东南地殷代铸铜遗址发掘报告》，《考古学报》2006年第3期。

51 中国社会科学院考古研究所编著：《殷墟发掘报告（1958–1961）》，文物出版社，1987年。殷墟孝民屯考古队：《河南安阳孝民屯商代房址2003–2004年发掘简报》，《考古》2007年第1期。

52 中国社会科学院考古研究所安阳工作队：《1980–1982年安阳苗圃北地遗址发掘简报》，《考古》1986年第2期。

53 中国社会科学院考古研究所编著：《殷墟发掘报告（1958–1961）》，文物出版社，1987年。

54 中国社会科学院考古研究所安阳队：《1982–1984年安阳苗圃北地殷代遗址的发掘》，《考古学报》1991年第1期。中国社会科学院考古研究所安阳工作队：《1980–1982年安阳苗圃北地遗址发掘简报》，《考古》1986年第2期。中国社会科学院考古研究所安阳队：《1984年安阳苗圃北地殷墓发掘简报》，《考古》1989年第2期。中国社会科学院考古研究所安阳工作队：《河南安阳市殷墟孝民屯东南地商代墓葬1989–1990年的发掘》，《考古》2009年第9期。

55 何毓灵：《殷墟手工业生产管理模式探析》，《三代考古》（四），科学出版社，2011年。

56 杨根、丁家盈：《司母戊大鼎的合金及其铸造技术的初步研究》，《文物》1959年第12期。

司母辛鼎与司母戊鼎类比小议

1976年5月17日至6月7日，中国社会科学院考古研究所安阳考古工作队发掘清理安阳小屯殷墟五号墓，出土包括青铜器、玉器、象牙器、陶器、石骨蚌贝器等8000余件文物。因青铜器铭文中以“妇好”最多，又称妇好墓[1]。由于该墓保存

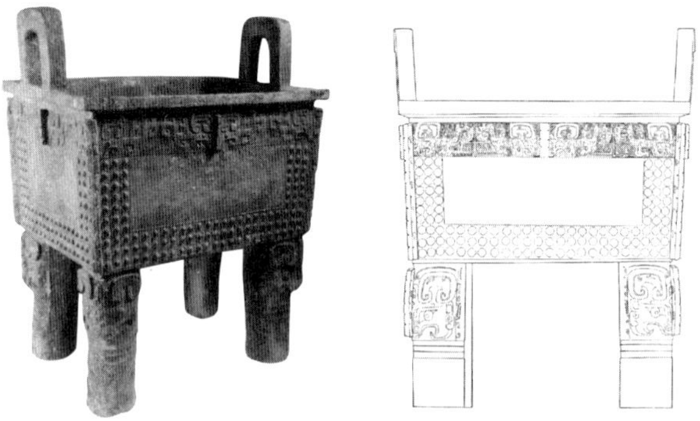

图三十一　司母辛鼎

（说明：照片采自《世界遗产·中国 殷墟》2008年，线图采自《殷墟的发现与研究》1994年）

完整，出土文物丰富，有相当数量的铭文，对于商代历史与考古研究具有重要的学术意义。

多年来，学界就妇好墓的性质与年代、铭文释读、墓主身份等问题进行探讨，其中也有涉及司母辛鼎（图三十一）与司母戊鼎的类比认识。笔者试对两鼎造型特征，铭文释读中的司、后之辨，墓葬分期编年作观察分析。

一、特征比较

有学者将妇好墓中出土的司母辛鼎与司母戊鼎在器形、纹饰、铭文字体与布局等方面作初步类比后，认为两鼎特征类似，判断时代大致相同，均应属于殷墟文化二期[2]。

笔者对司母戊鼎与殷墟五号墓（又称妇好墓）中器形相类的司母辛鼎（学界或释“后母辛”）初步观察后，注意到两者在体量大小、纹饰种类、铭文字形特征、耳体铸造连接工艺、足内结构、合金中含铅比例等方面均存在明显差别[3]（表十一）。

比较两鼎纹饰，司母辛鼎夔龙纹体较短，饰有成排乳钉纹。就商代青铜方鼎而言，乳钉纹出现于商代早期青铜方鼎，一直沿用至商代晚期。司母戊鼎夔龙纹体较长，无乳钉纹装饰，这种纹饰图案只见于商代晚期。

比较两鼎铭文，呈“品”字形布局的司母辛三字，司、女（母）位置左右相错，母（女）双臂较平，足跟未超出臀部，字体或瘦长纤细，或短粗。司母戊三字，司、母（女）位置大致上下，母（女）双臂下垂，足跟超出臀部，字体较粗壮。

表十一　司母戊鼎与司母辛鼎差异示意

器别 差异	司母戊鼎	司母辛鼎
体量	大	小
重量	约 875 公斤	128 公斤
纹饰	夔龙纹较长 无乳钉纹	夔龙纹较短 有成排乳钉纹
铭文	 字体较粗壮 司、母（女）位置大致上下 母（女）双臂下垂，足跟超出臀部	  字体瘦长纤细　字体短粗 司、母（女）位置左右相错 母（女）双臂较平，足跟未超出臀部
耳、体连接	耳嵌铸于体，下端分跨于鼎口沿上	耳后铸于体，下端直立于口沿上
足内结构	有间隔空足	空足
合金中 含铅量	2.79%	0.5%

笔者以为，导致差异出现的原因，或因于时代，或由于设计者、书体风格的不同。具体原因尚待继续探究落实。

二、司、后之辨

有学者认为妇好墓中出土司母辛鼎铭应称名后（母）辛，称该墓为“后辛墓”[4]，主张“司母戊”应为“后戊”（姤戊）[5]。此后，学者对1976年妇好墓出土青铜方鼎铭文存有司、后不同释读方案。据笔者自然阅读所见，主“司”者所占比例居多。

司有管理、主持、操作、经营等意。这一字义至少可前追至东周时期，比如当时金文、文献所见司马、司徒、司寇等，再往前似可至商代晚期，如卜辞中“司工”。卜辞中司（或反向）形，有学者认为像机杼，有治理意（张凤）[6]；或有学者认为像匕，饲意，孳乳为祠[7]；或认为像柶，为人进食（音si）意[8]，卜辞中司与祀通假。

后，与“前”相对，表次序。君王妻为王后，可追至东周时期，如金文王后、大后（如吴王光鉴、中山王𰯼墓兆域图），文献《礼记·曲礼》：“天子之妃曰后”。

有学者据东周金文“后”认为商代“司”为反向书写的“后”。观察卜辞司字形，无前后次序意，卜辞所见商王配偶称呼多为“妇□”，不见称后。有学者指出卜辞“”（毓）表生育，有前后意，因古者育、胄、后声相近，引申出后，遂成二字[9]。

据此判断，释“司”（祀意）较释“后”（王后意）更接近甲骨文字原意。妇好墓中出土铜方鼎铭文“司母辛”或释

“后母辛”，与1939年王陵区出土青铜大方鼎铭“司母戊”或释“后母戊”的学术现象相同。这一始于1946年安阳武官村青铜大鼎被收归国有，同年10月、11月先后由学者提出的后、司释读方案，至今仍然属于学术探讨问题。两者所遇司、后之辨是同一性质的学术问题，在未有确证之前，不能用来互证。

三、分期编年

考古发掘者据出土遗物特征并参照碳十四测年数据判断该墓属殷墟文化二期遗存。该墓出土青铜器铭文以“妇好”居多，可与殷墟刻辞中多出现于甲骨文一期的“妇好”相对应，认为墓主当为商王武丁配偶妇好，青铜器铭文所见“司母辛”和石牛铭文“司辛”，当为周祭名“辛”，祭器为其子所用。

学界对妇好墓的年代有不同认识，北京大学邹衡先生认为殷墟五号墓中出土的青铜器群并非同时，依时代早晚可以分为三组，在殷墟文化编年中分属二期3组，三期4组、5组，从而主张殷墟文化三期说[10]。有学者据卜辞一、四期均有妇好记录判断，除武丁外，还有“唐取妇好”的记录，说明妇好非指一人，指出殷墟五号墓，有帚好铭文的铜器从形制花纹看有早有晚，铭文的字体也很不一致，这种演变不一定是一代人的时间所能形成的[11]。甚至有学者认为殷墟五号墓并不是一座墓葬，其中的器物群似为宗庙陈器或为衣冠冢[12]。

笔者观察一组与妇好墓有关的地层关系，H1、H32（殷墟文化四期遗迹）→ F1 → M5 → F9、H35（殷墟文化一期）。据此推断，F1、M5 的编年位置当在殷墟文化一期至四期之间。

据考古报道，F1 包含陶片少且碎，难辨年代。M5 出土几件陶器（筒形器、圆饼、埙、硬陶罐）均非具有断代意义的典型器。值得注意的是，在填土第一层中出有 1 件陶爵（1320），总体特征符合殷墟文化二期陶爵的特点，似可排在殷墟文化第二期晚段。观察这件陶爵，其敞口径大于腹径、圜底、三锥状足外撇等特点，又见于殷墟文化三期陶爵（如 SKM17 出土 1 件陶爵[13]、SKM70：2[14]、殷墟西区 M410：1 等[15]），显示其时代下限可延续至殷墟文化三期早段。又因这件陶爵出自填土，所以具有早于或同时于妇好墓埋藏时间的不同可能性。

墓中出土部分玉石质器皿，如玉簋（321）、石罍（1322），依造型相近的陶器、铜器特征类比，判断其时代可在殷墟文化二期晚段至三期早段。

青铜器铭文“妇好”为生称，甲骨卜辞以一期多见，四期亦见。“司母辛”为死称（周祭日与庙号），甲骨刻辞“母辛”见于甲骨文二期。“司母”多见于甲骨文三期。与“司母辛”相类的品字形书写布局见于甲骨文三期。如果按学者判断该墓墓主为妇好一人[16]，则妇好铭青铜器铸造年代当早于司母辛铭青铜器铸造年代。两者的埋葬时代相同。

墓中出土石牛颈有“司辛”铭。甲骨文一期、三期刻辞中均见“司辛”。

殷墟考古发掘，在铸铜作坊遗址发现体量与司母戊鼎相近的大型青铜器模范遗存[17]，未见明确为殷墟文化二期者。

综上判断，妇好墓随葬器物群有早晚之别。按照以其中时代最晚的器物判断墓葬的埋藏年代的原则，妇好墓的埋葬时代仍有深入探讨的余地。因此，以殷墟妇好墓判定司母戊鼎属于殷墟文化二期，并非定论。

注释

1 中国社会科学院考古研究所编著：《殷墟妇好墓》，文物出版社，1980 年。

2 杜廼松：《司母戊鼎年代问题新探》，《文史哲》1980 年第 1 期。

3 李维明：《司母戊鼎略说》，《中原文物》2014 年第 1 期。

4 唐兰：《中国青铜器的起源与发展》，《青铜器小辞典》，1979 年。

5 《安阳殷墟五号墓座谈纪要》唐兰发言，《考古》1977 年第 5 期，第 344 页。

6 张凤：《安阳武官村出土方鼎铭文考释》，《中央日报》1946 年 11 月 17 日，第 10 版。

7 朱芳圃释匕，见周法高主编：《金文诂林》第 11 册卷 9，香港中文大学出版社，1975 年，第 5573 页。

8 徐中舒主编：《甲骨文字典》，四川辞书出版社，1988 年，第 998 页。

9 王国维：《殷卜辞中所见先公先王续考・多后》，《观堂集林》，中华书局 1959 年版，1994 年北京第 6 次印刷本，第 441 页。

10 《安阳殷墟五号墓座谈纪要》邹衡发言，《考古》1977 年第 5 期，第

344 页。

11 张政烺：《帚好略说》，《考古》1983 年第 6 期。张政烺：《帚好略说补记》，《考古》1983 年第 8 期。

12 梁文伟《殷墟五号墓主骸骨存没质疑及补证》，石璋如《殷墟妇好墓的五点疑问》，均见《纪念殷墟甲骨文发现一百周年国际学术研讨会论文集》，社会科学文献出版社，2003 年。

13 邹衡：《试论殷墟文化分期》，《夏商周考古学论文集》，定为殷墟文化第三期第 4 组的陶爵，文物出版社，1980 年，第 68 页。

14 中国社会科学院考古研究所编著：《殷墟的发现与研究》，科学出版社，1994 年，第 35 页。

15 中国社会科学院考古研究所安阳工作队：《1969–1977 年殷墟西区墓葬发掘报告》，《考古学报》1979 年第 1 期，第 67 页。

16 中国社会科学院考古研究所编著：《殷墟妇好墓》，文物出版社，1980 年，第 228 页。

17 如在苗圃北地铸铜遗址发现的大方鼎铸范 PNIVF1∶1，见中国社会科学院考古研究所编著：《殷墟发掘报告（1958–1961）》，文物出版社，1987 年。在孝民屯遗址 F43 内发现的大型圆形范芯座，见王学荣、何毓灵：《安阳殷墟孝民屯遗址的考古新发现及相关认识》，《考古》2007 年第 1 期。在 F54 内发现的大型圆鼎足陶模，见殷墟孝民屯考古队：《殷墟孝民屯大面积发掘的重要收获》，《中国文物报》2005 年 6 月 15 日，第 1 版。

殷墟西北岗王陵区商代大墓分析

1934年至1935年，中央研究院历史语言研究所在殷墟西北岗[1]（图三十二）发掘商代大墓群。20世纪50年代至80年代，中国（社会）科学院考古研究所又在此发掘商代大墓[2]（图三十三），学界认为其性质为王陵区。尽管诸大墓屡经盗掘，墓室内部遭毁，主要随葬品被掳掠，墓葬间遗物存在混扰现象，但由于王陵是殷都的标志性内涵之一，是了解商代王陵制度的原本，所以学者依然围绕墓地的布局、时代顺序、对应商王、盗墓等问题进行不懈探讨。笔者在学习前人研究成果的基础上，试就诸大墓分期、布局、王系现象分析判断。

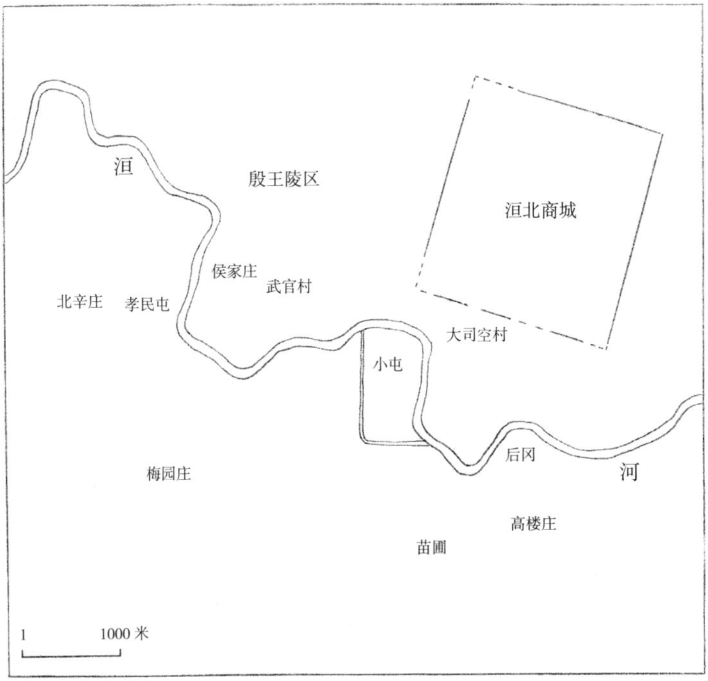

图三十二　西北岗王陵区位置示意

（说明：上方为北）

一、主要遗存类型

殷墟西北岗商代大墓残存遗迹、遗物种类较多，本文选择演进特征较为明显的带墓道墓穴，以及陶器、青铜器等作为主要遗存进行类型分析。

1. 墓葬，大墓 14 座。根据墓道及墓室特征不同分四类：

一类，四条墓道，8 座。依墓室有别分两群：

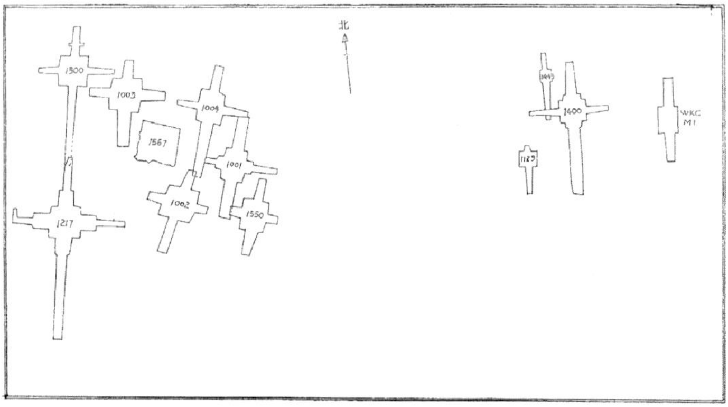

1

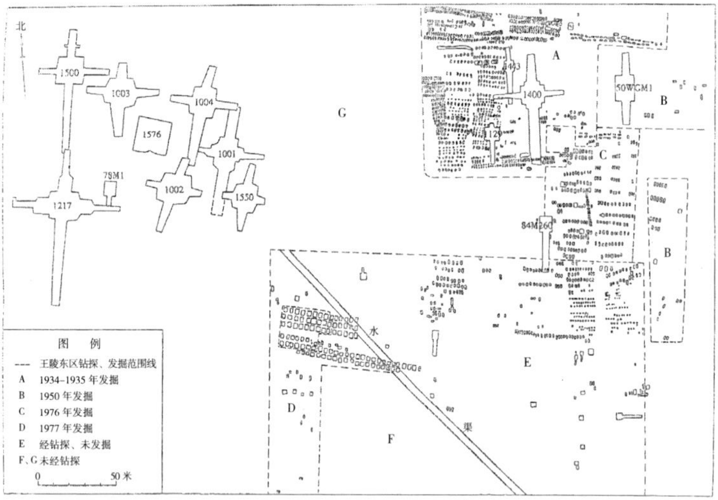

2

图三十三　西北岗王陵区商代大墓分布示意

（说明：1.《侯家庄》第九本；2.《中国考古学　夏商卷》）

甲群，方形，5 座。分两型：

A 型，近方形，3 座。依墓道长短不同分三亚型。

Aa 型，墓道相对窄长，如 1500。

Ab 型，墓道相对较短，如 1002。

Ac 型，墓道相对更短，如 1003。

B 型，略长方，2 座。依墓道长短不同分两亚型。

Ba 型，墓道相对稍长，如 1004。

Bb 型，墓道相对较短，如 1550。

乙群，亚形，3 座。分两型：

A 型，近方形，亚型耳室四出较长。1 座，如 1217。

B 型，略长方，缺南北方向耳室。2 座。依耳室形制有别分两亚型。

Ba 型，东西耳室相对窄而长，如 1001。

Bb 型，东西耳室相对宽而短，如 1400。

二类，两条墓道，3 座。墓室只有甲群，分两型：

A 型，近方形，2 座。依墓道长短不同分两亚型。

Aa 型，墓道相对较长，如 1443。

Ab 型，墓道相对较短，如 1129。

B 型，略长方，1 座，如 WKGM1。

三类，一条墓道，2 座。墓室只有甲群，分两型：

A 型，近方形，1 座，如 78AWBM1（以下简称 78M1）。

B 型，略长方，1 座，如 84AWBM260（以下简称 260）。

四类，无墓道，1座，如1567。

2. 遗物，虽然西北岗商代大墓屡经盗掘，但仍留存有陶器、青铜器、玉石器、骨器等遗物。其中以陶器、青铜器类型特征较为明显。

（1）陶器，多为白陶且多出自翻葬坑。能够显示造型演进变化的器类有盘、大口尊、盖、簋。豆也可作为编年推断参考。

盘，依口沿缘面由斜渐平、腹渐浅、圈足渐高变化分两式。

I式，见1001出土标本2∶2106。

II式，见1003出土标本3∶3226。

大口尊，依肩渐失分两式。

I式，见1001出土标本2∶1456。

II式，见1003出土标本3∶1474。

盖，依口缘造型特征有别分两型。

A型，弧形口缘。见1001出土标本R5120。

B型，折缘盖。见1004出土标本3∶3014，1002出土标本2∶272。

簋，依造型不同分两型。

A型，口径小于腹径。依有无耳分两亚型。

Aa型，无耳。见1001出土的一件标本。

Ab型，有双耳。见1002、1001。如1001出土的一件标本。

B 型，口径大于腹径，敞口。如 260∶01。

白陶豆，特征为假腹，饰云雷纹，豆柄有高矮之分。均残，出自翻葬坑。商文化中的假腹豆出现于二里岗上层时期，沿用至殷墟文化二期。有关材料显示，在 1217、1002、1550、1003 中均有发现。

（2）青铜器，器类较多，有些出自翻葬坑。能够显示造型演进变化的器类有鼎、觚、爵、戈。

鼎，依体征不同分两类。

一类，圆鼎。依腹部造型特征不同分两群。

甲群，盆型。依纹饰特征不同分两型。

A 型，饰饕餮纹。依纹饰分布面积不同分两亚型。

Aa 型，带状纹饰。见 WKGM1、1001。如 1001 出土标本 HPKM1133∶4。

Ab 型，纹样呈满花状。见 1001 出土标本 HPKM1133∶3。

B 型，带状圆涡纹。见 1550 出土标本 R1109。

乙群，分裆。依纹饰特征不同分两型。

A 型，饰带状饕餮纹。见 WKGM1 中 W8 出土标本。

B 型，纹样呈满花状。见 1001 出土标本 HPKM1133∶2。

二类，方鼎。见 1004。如 1004 出土标本 R1750。

觚，依体粗细有别分两型。

A 型，体较粗。纹饰仅见觚棱部位，见 1001、WKGM1。如 1001 出土标本 R1030。

B 型，体稍细。觚体与圈足上饰纹饰。见 WKGM1、1550、1400。如 1400 出土标本 R1032。

C 型，通体纹饰。见 WKGM1、1550。如 WKGM1 中 E9 出土标本。

爵，依纹饰特征有别分两类。

一类，饰饕餮纹。依有无扉棱分两型。

A 型，有扉棱。见 WKGM1 中 E9 出土标本。

B 型，无扉棱。依腹深浅有别分两亚型。

Ba 型，腹较浅。见 1001、WKGM1。如 1001 出土标本 R1068。

Bb 型，腹较深。见 1001 出土标本 R11001。

二类，素面饰旋纹。依腹深浅有别分两型。

A 型，腹较浅。见 1550 出土标本 R1058。

B 型，腹较深。见 1400 出土标本 R1503。

戈，依内造型特征不同分两型。

A 型，直内。依造型不同分三亚型。

Aa 型，直内。见 WKGM1、1550、1001、1003。如 1001 出土标本 R6824。

Ab 型，有銎。依銎径渐圆分三式。

AbI 式，见 1550、WKGM1。如 1550 出土标本 R6806。

AbII 式，见 1550 出土标本 R11662。

AbIII 式，见 1003 出土标本 R6783。

Ac 型，短胡有穿。见 1003 出土标本 R6979。

B 型，曲内。见 1001、1550，如 1550 出土标本 R6788。

二、主要遗存编年推断

考古发掘报告材料显示，西北岗商代大墓存在如下几组地层打破关系：

1217 → 1500

1002 → 1004 → 1001

1550 → 1001

1217 → 78M1

1400 → 1443

这几组地层打破关系，可以作为判断墓葬相对早晚关系的地层参照依据。

1. 遗物编年排序。由于西北岗商代大墓屡经盗掘，存在扰乱现象，有些遗物出自翻葬坑，故以下排序仅供参考。

（1）陶器

陶器质地决定其使用年限跨度相对较短，同一单位陶器时差相对较短，共时性较强，因此陶器类型显示出的演进现象，一般作为考古学编年排序推断的主要参照依据。观察陶器类型分析显示出的演进现象，结合相关地层关系，参照已有的分期研究成果[3]可对1500、1217、1001、1550、260、1004、1002、1003等8座墓葬的陶器编年作出初步推断（表十二、图三十四）。

1500，地层关系限定其相对年代不晚于1217。其中出土残器蘑菇形盖钮（4:397）特征与被判断为殷墟文化一期的E16出土器盖钮造型特征相近[4]。推断其编年下限不晚于殷墟文化一期。

1217，据一件陶鬲足4:532与被判断为殷墟文化二期的花园庄南出土陶鬲H29：7[5]足部特征相近，判断其编年下限约相当于殷墟文化二期。

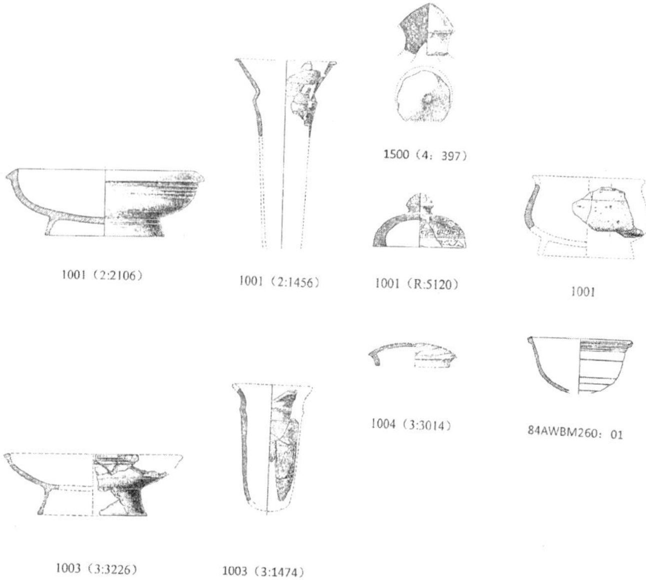

图三十四　西北岗王陵区商代大墓出土部分陶器编年判断示意

1001，出土陶器器类特征多与殷墟文化二期同类器特征相近。如大口尊（I式）与属殷墟文化二期的小屯T1H10∶1特征相近[6]，盖（A型）与被判断为属殷墟文化二期的郭家庄M26∶64特征相近[7]，瓿与被判断为属殷墟文化二期的刘家庄M8∶2特征相近[8]，盘（I式）与小屯村北地出土被判断为属殷墟文化二期的铜盘（M18∶14）特征相近[9]。

1550，据出土陶爵4∶853与被判断为属于殷墟文化三期的孝民屯M17∶16[10]造型相近，推断其编年下限约相当于殷墟文化三期。

260，出土陶簋（B型）与被判断为属于殷墟文化三期的花园庄东地M47∶6[11]，孝民屯东南地M1289∶1[12]，刘家庄M14∶3[13]，殷墟西区M479∶3[14]陶簋造型相近，推断其编年下限约相当于殷墟文化三期。

1002，据出土盖（B型）特征与属于殷墟文化三期小屯西地M1南夯∶12[15]，小屯南地T55（3C）∶96[16]造型特征相近，推断其编年下限约相当于殷墟文化三期。

1004，据出土白陶器盖（B型）为素面、胎较薄，符合殷墟文化晚期白陶特征[17]。因地层关系限定其介于1001和1002之间，推断其编年下限约在殷墟文化三期。

1003，据出土盘（II式）与被判断为属于殷墟文化四期大司空北地M45∶4、M71∶1[18]造型相似，推断其编年下限约相当于殷墟文化四期。

表十二　西北岗王陵区 8 座商代大墓出土陶器主要器类类型排序及编年下限推断示意

器类/墓号	盘	大口尊	盖	簋	假腹豆	其他器类	编年下限推断
1500			√				一期
1217					√	鬲	二期
1001	I	I	A	Aa、Ab		鬲、鼎、瓿、罐	二期
1550					√	爵	三期
1002			B	Ab	√		三期
260				B			三期
1004			B				三期
1003	II	II			√	觯	四期

（2）铜器

铜器因质地和功用决定其使用年限跨度相对较长，同一单位铜器既可以共时组合埋葬，也可以非共时组合埋葬。因此，对于铜器编年的判断需要考虑其铸造、使用和埋葬年代的区别。观察铜器类型分析显示出的演进现象，结合相关地层关系，参照已有的学术研究成果，可对 WKGM1、1001、1550、1400、1004、1003 等 6 座墓葬的铜器埋藏编年作出初步推断（表十三、图三十五）。

WKGM1，出土爵（A 型）与被判断为属于殷墟文化二期的花园庄 M54∶184[19]，卣与被判断为属于殷墟文化二期的小屯

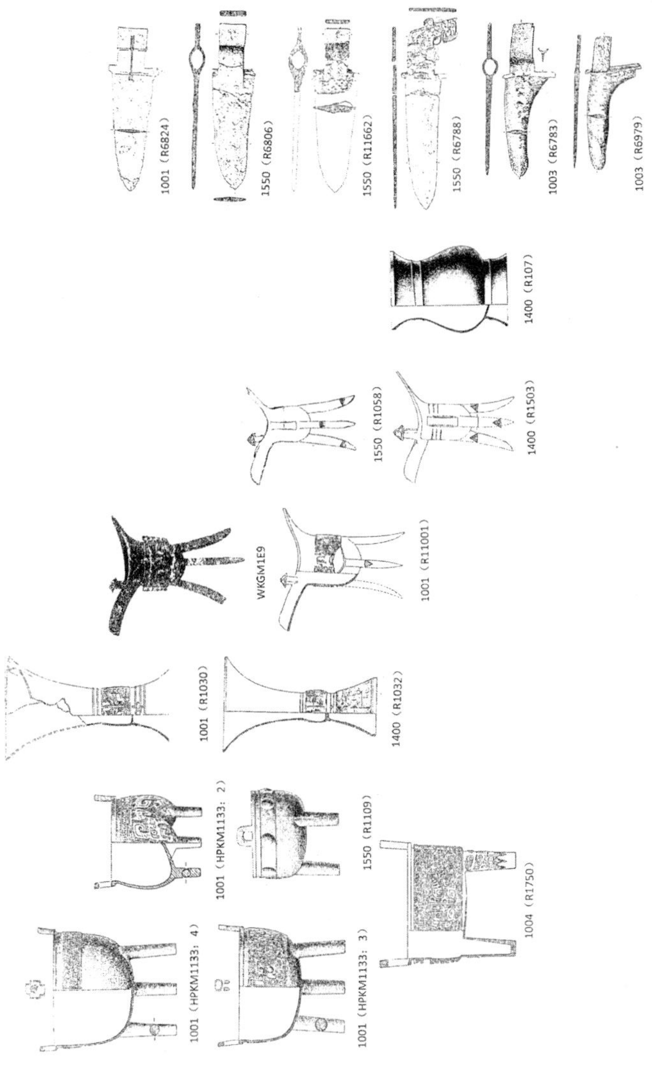

图三十五　西北岗王陵区商代大墓出土部分青铜器编年判断示意

村北地 M18∶10[20]，鼎（R1109）与被判断为属殷墟文化二期后冈 M12∶1[21]，戈（R6788）与被判断为属于殷墟文化二期的薛家庄东南 M3∶10[22] 等器类造型特征相近，推断其编年下限约与殷墟文化二期相当。

1001，鼎（HPKM1133：2）与被判断为属于殷墟文化二期的花园庄 M54∶167 造型特征相近[23]，罍（瓿）与被判断为属于殷墟文化二期的大司空 M663 出土同类器特征相似[24]，推断其编年下限约与殷墟文化二期相当。

1550，鼎（R1109）与被判断为属于殷墟文化二期的后冈 M12∶1[25] 造型特征相近，戈（R6788）与被判断为属于殷墟文化三期的薛家庄东南 M3∶10[26] 造型特征相近，爵 R1058 与被判断为殷墟文化三期的大司空南地 M25∶14、M25∶16，M29∶5、M29∶1[27] 造型特征相近，推断其编年下限约与殷墟文化三期相当。

1004，据出土牛方鼎纹饰中夔纹上吻较长，足下部四瓣目纹特征。参考相关地层，当不晚于 1002。

1400，出土青铜器较多，其中有些器类编年相对较早，如觚、斝、尊、盂造型特征多符合殷墟文化二期同类器特征。有些器类编年相对较晚，如盘 R11039 与被判断为属于殷墟文化三期的大司空 M539∶20[28] 特征相近，爵 R1503 与被判断为属于殷墟文化四期的榕树湾 M1∶19[29] 造型特征相近，觯 R107 形制特征与 1003 出土陶觯 2∶138 相近。据此推断，其编年下限约在殷墟文化三期晚段。

1003，短胡有穿戈 R6979（Ac 型）与被判断为属于殷墟文化四期的殷墟西区 M1713 出土一件同类器造型特征[30]相近。仿铜石簋，无耳者与被判断属于殷墟文化四期的郭家庄 M50∶1 造型相似[31]，双耳者与被判定属于殷墟文化四期的郭家庄 M1∶16 造型相似[32]。据此推断其编年下限约与殷墟文化四期相当。

表十三　西北岗王陵区 6 座商代大墓出土铜器主要器类类型排序及编年下限推断示意

器类 墓号	鼎	爵	觚	戈	编年下限推断
WKGM1	一甲 Aa，一乙 A	一 A、一 Ba	A、B、C	Aa、AbI	二期
1001	一甲 Aa、Ab，一乙 B	一 Ba、一 Bb	A	Aa、AbI、B	二期
1550	一甲 B	二 A	B、C	Aa、AbI、AbII、B	三期
1004	二类				三期
1400		二 B	B		三期晚段
1003				Aa、AbIII、Ac	四期

2. 墓葬建成编年判断

西北岗王陵区商代大墓体积宏大，推断诸大墓应具有一段营建时间，可能存在始建年代、建成年代和埋藏年代时差。参照诸大墓类型演变，墓葬出土陶器、铜器分期特征，结合相关地层关系，对已公布 14 座商代大墓年代作类型排序和编年判断（表十四）。

表十四　西北岗王陵区 14 座商代大墓类型排序及编年推断示意

类型 墓号	一类				二类		三类		四类	编年推断	备注
	甲		乙								
1500	Aa									一期	
1443					Aa						不晚于1400
78AWBM1							A				不晚于1217
1217			A							二期	
WKGM1						B				二期	
1129					Ab						
1001				Ba						二期	
1004		Ba								三期	晚于1001，早于1002
1550		Bb								三期	
260								B		三期	
1002	Ab									三期	
1400				Bb						三期	
1003	Ac									四期	
1567									A		似未完工

三、初步推断

参照墓葬出土陶器、铜器分期判断，结合相关地层关系，观察墓葬形制特征，对殷墟西北岗商代大墓分期等级、分区、方向、分布、规划与商王联系等信息作初步推断。

1. 等级

参照殷墟西北岗商代墓葬结构与规模，可大致分为三个等级。

一级，一类墓葬（四条墓道），8 座。本级墓葬迄今在殷墟主要见于西北岗[33]，当为殷墟最高规格的墓葬。

甲群（方形墓室），5 座。1500、1002、1003、1004、1550。依墓葬面积分 4 亚级（表十五）。

（1）级，面积不小于 800 余平方米，如 1003。

（2）级，面积不小于 700 余平方米，如 1500。

（3）级，面积不小于 600 余平方米，如 1002、1004。

（4）级，面积不小于 400 余平方米，如 1550。

表十五　西北岗王陵区商代大墓一级甲群墓葬面积（以口计）差别示意（单位：平方米）

面积/墓号	墓道					墓室	面积总计	等级	分期判断
	东	西	南	北	计				
1500	66.4	60.98	181.73	83.95	393.06	333.02	726.08	一（2）	一期
1004	65.25	48.99	191.54	81.78	387.56	284.61	672.17	一（3）	三期
1002	39.01	47.98	104.45	66.16	257.6	359.1	616.7	一（3）	三期
1550	32.1	41.8	86.9	59.76	220.56	231.2	451.76	一（4）	三期
1003	79.8	79.3	283.78	66	508.88	323.99	832.87	一（1）	四期

乙群（亚型墓室），3 座。1217、1400、1001。依墓葬面积分 2 亚级（表十六）。

（2）级，面积不小于 700 余平方米，如 1001、1400。

（3）级，面积不小于 600 余平方米，如 1217。

表十六　西北岗王陵区商代大墓一级乙群墓葬面积（以口计）差别示意（单位：平方米）

面积/墓号	墓道					墓室	面积总计	等级	分期判断
	东	西	南	北	计				
1001	48.69	26.55	219.03	116.22	418.94	314.17	733.11	一（2）	二期
1217	84.09	91.39	81.1	82.4	338.98	330.14	669.12	一（3）	二期
1400	47.85	55.06	254.4	103.63	460.94	252.44	713.38	一（2）	三期

本级墓葬规模所存差别，应与时代、墓主地位差异有关。

另外，学者推断 1567 无墓道墓葬 1 座（墓口面积约 529 平方米），可能是四条墓道未完工者。

二级，二类（两条墓道）。A 型墓室（近方形），2 座。1443、1129。B 型墓室（略长方），1 座，如 WKGM1。依墓葬面积分 2 亚级（表十七）。

（5）级，面积不小于 300 余平方米，如 WKGM1。

（6）级，面积不小于 100 余平方米，如 1443、1129。

本级墓葬规模低于一级墓葬，迄今在殷墟还见于后岗、大司空村、小屯西地等墓地。

本级墓葬规模所存差别，应与时代、墓主地位差异有关。

表十七　西北岗王陵区商代大墓二级墓葬面积（以口计）差别示意（单位：平方米）

墓号＼面积	墓道			墓室	面积	等级	分期判断
	南	北	计				
1129	48	7.5（残）	55.5	100	155.5	二（6）	不详
WKGM1	94.86	78	172.86	168	340.86	二（5）	二期
1443	87.44	24.92	112.36	52.09	164.45	二（6）	不晚于1400

三级，三类（一条墓道）。公布材料 2 座。

A 型墓室（近方形），1 座，如 78M1。

B 型墓室（略长方），1 座，如 260。依墓葬面积分 2 亚级

（表十八）。

（6）级，面积不小于100余平方米，如260。

（7）级，面积小于100余平方米，如78M1。

本级墓葬规模多低于二级墓葬，迄今在殷墟还见于后岗、大司空村、殷墟西区等墓地。

本级墓葬规模存在差别，显示墓主地位有所差异。

表十八　西北岗王陵区商代大墓三级墓葬面积（以口计）差别示意（单位：平方米）

面积 / 墓号	墓道	墓室	面积	等级	分期判断
78AWBM1	24.84（残）	41.58	66.42（残）	三（7）	不晚于1217
260	105.6	77.76	183.36	三（6）	三期

公布材料显示，殷墟西北岗商代大墓存在明显的等级差别：一级地位最高，二级次之，三级再次。各级中仍存有级差，应与时代早晚、地位高低有关。

2. 分区

西北岗商代墓地明显分为东西两个区（图三十三）：

西区，9座。以一级墓葬为主，如1500、1217、1003、1567、1004、1001、1002、1550；也见三级墓葬，如78M1。

东区，5座。以二级墓葬为多，如1129、1443、WKGM1；也见一级墓葬1400，三级墓葬260。

在上述墓葬附近分布有成排成组规模低于三级墓葬，具有陪葬、祭祀意义的墓葬，显示墓地具有规划性和等级性。有学者推断为乙丁制或昭穆制度[34]。

3. 方向

西北岗商代大墓总体呈现略偏东北方向，依公布材料明示方向角度者，可将方向偏差分三类（表十九、二十、二十一，图三十六）：

一类，6 座。方向在 5°-8.2°之间。本类以二级墓葬为主，也有少量一级和三级墓葬。主要分布于东区。依方位角差别大致分为两型（表十九）：

A 型，方位角在 5°-5.6°。2 座，260（三级）、1129（二级）。

B 型，方位角在 5°-8.2°。4 座，1400（一级）、WKGM1（二级）、1443（二级）、78M1（三级）。

据 1400 打破 1443 地层关系，东区本类墓葬方位角依时代早晚渐小的变化趋势判断：

东区墓葬相对早晚序列为 1443-WKGM1-1400-1129-260。

西区 78M1 不晚于东区 WKGM1。

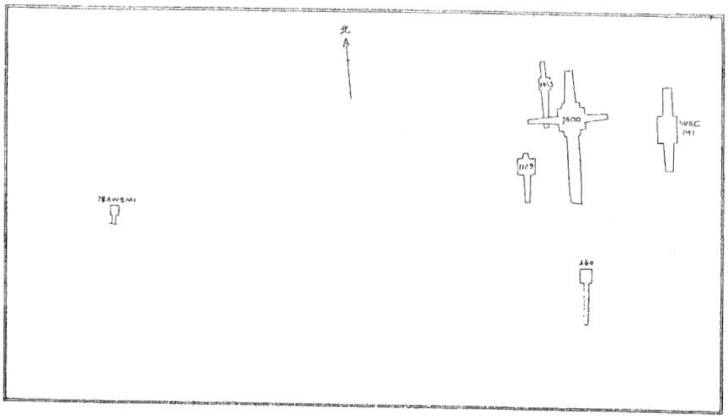

1

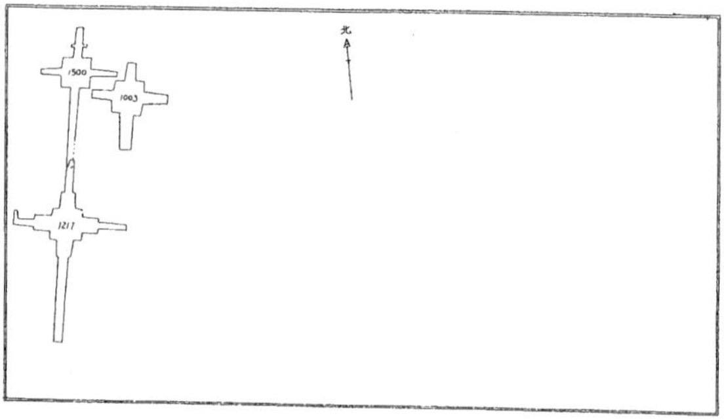

2

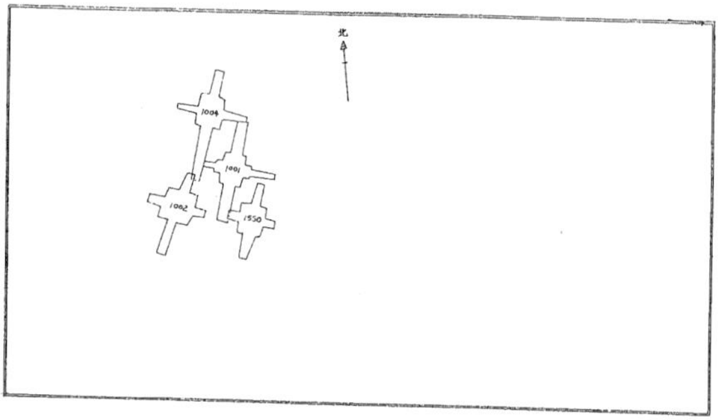

3

图三十六　西北岗王陵区商代大墓方向分类示意

（说明：1. 方向一类；2. 方向二类；3. 方向三类）

表十九　西北岗王陵区商代大墓方向一类示意

墓号	方向	分型	等级	分期判断	参考地层	分区
260	5°	A	三（6）	三期		东
1129	5.6°	A	二（6）	不详		东
78M1	7°	B	三（7）	不晚于 1217	被 1217 打破	西
WKGM1	7.5°	B	二（5）	二期		东
1400	7°–8°	B	一（2）	三期	打破 1443	东
1443	8.2°	B	二（6）	不晚于 1400	被 1400 打破	东

二类，3 座。方向在 10.7° –14.5° 之间。本类为一级墓葬，分布于西区，位于墓地西端。依方位角差别大致分为三型（表二十）：

C 型，方位角 10.7° 。1 座，1500（一级）。

D 型，方位角 12.8° 。1 座，1217（一级）。

E 型，方位角 14.5° 。1 座，1003（一级）。

表二十　西北岗王陵区商代大墓方向二类示意

墓号	方向	分型	等级	分期判断	参考地层	分区
1500	10.7°	C	一（2）	一期	被 1217 打破	西
1217	12.8°	D	一（3）	二期	打破 1500	西
1003	14.5°	E	一（2）	四期		西

据 1217 打破 1500 地层关系，西区本类墓葬方位角依时代

早晚渐大变化趋势判断：

西区本类墓葬相对早晚序列为 1500–1217–1003。

三类，4 座。方向在 16° –25.5°之间。本类为一级墓葬，分布于西区。依方位角差别大致分为两型：

F 型，方位角 16.5° –18° 。3 座，1001、1004、1550。

G 型，方位角 25.5° 。1 座，1002（一级）。

表二十一　西北岗王陵区商代大墓方向三类示意

墓号	方向	分型	等级	分期判断	参考地层	分区
1004	16.5°	F	一（3）	三期	被 1002 打破 打破 1001	西
1001	17°	F	一（2）	二期	被 1004、1550 打破	西
1550	18°	F	一（5）	三期	打破 1001	西
1002	25.5°	G	一（3）	三期	打破 1004	西

据 1550 打破 1001，1002 打破 1001 等地层关系推断，本类墓葬墓向可能呈现方向角依时代早晚渐大的变化趋势。判断西区本类墓葬相对早晚序列为 1001–1004–1550–1002。

4. 分期分布态势

在前述分期方案的基础上，试勾画墓地分期分布态势（图三十七）：

一期，1500（一甲 Aa），四条墓道，墓室近方形。残存青铜器、漆木器、白陶、陶器、玉石雕、象牙器、骨角蚌器。

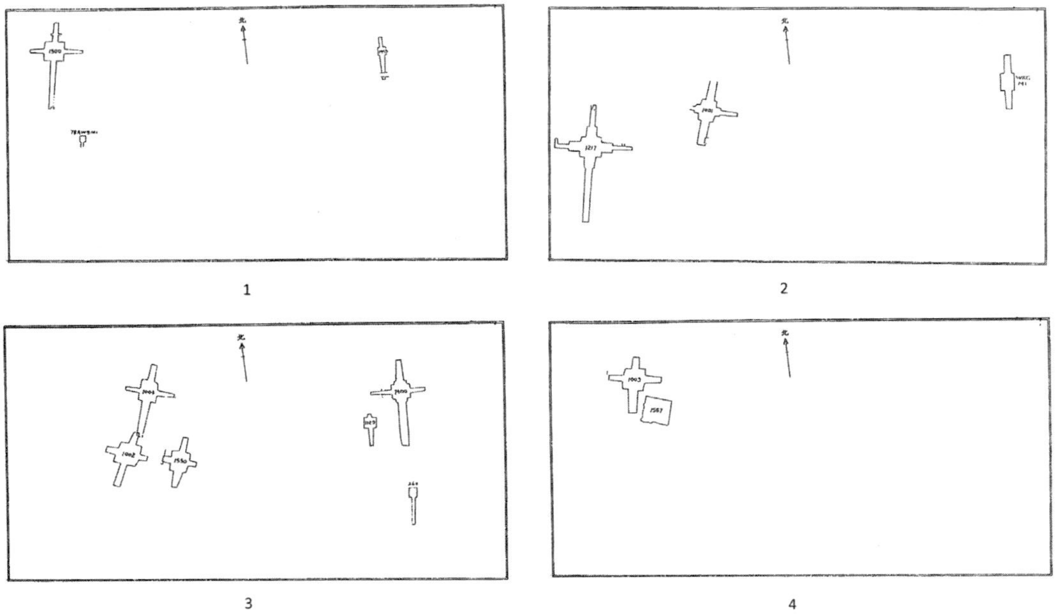

图三十七　西北岗王陵区商代大墓分期分布推断示意

（说明：1. 一期　2. 二期　3. 三期　4. 四期）

参照地层、方位角推断78M1（三A）、1443（二Aa）可能在本期晚段。联系东南方向出现铜器墓59M1（四类）现象判断，本期墓地大致分为东西两区。东区墓葬最高级别（二级）低于西区墓葬最高级别（一级）。

二期，西区增建四条墓道、墓室呈亚字形的1001（一乙Ba），或略长方形的1217（一乙A）。

东区增建南北两条墓道、墓室略呈长方形WKGM1（二B）。东区墓葬级别（二级）低于西区墓葬级别（一级）。

残存青铜器、金器、漆木器、白陶、硬陶、陶器、玉石器、象牙器、骨角蚌器，可见金文、陶文、骨刻文、玉石文。殉人。动物种类有狗、马、鹿、猴、鸟、鲸鱼、贝、龟等。遗存中乐器皮鼓、石磬，兵器戈、镞，车，马坑、马具，工具刀、凿、削、锛等显示当时贵族墓葬中常配备的礼、兵、工具等器物。其中鲸鱼骨、贝当属沿海地区传来的稀有物。

三期，西区增建四条墓道，墓室呈亚字形1004（一甲Ba），或呈方形1002（一甲Ab），或呈略长方形的1550（一甲Bb）。东区增建四条墓道，墓室呈长方形1400（一乙Bb），南向一条墓道，墓室呈长方形260。

本期东区墓葬级别提升（一级）。据埋葬位置及方位角推断，1129（二Ab、二级）可能在本期。

残存青铜器、金器、漆木器、白陶、陶器、玉石器、象牙器、骨角器，可见金文、陶文、骨刻文、殉人。动物种类有牛、羊、猪、狗、鹿、鲸鱼、龟等。遗存中乐器石磬，兵器戈、矛、镞、盔、皮甲、盾，车，马具，工具锛、拍、卜骨等显示当时贵族墓葬中常配备的礼、兵、工具、宗教活动用器等。本期有些大墓随葬兵器显示军事色彩较为突出。

四期，西区增建四条墓道，墓室呈方形的1003（一甲Ac）。

残存青铜器、金器、漆木器、白陶、陶器、玉石器、象牙器、骨角蚌器，可见陶字符、石刻文、玉石文、殉人。动物种类有鲸鱼、龟等。遗存中乐器皮鼓、石磬，兵器矛、戈、镞，车、车舆饰，工具斧、刀、锥等显示当时贵族墓葬中常配备的礼、兵、工具等器物。

无墓道1567（四类）推测属于工程未完成的大墓，因白陶器特征推断可能属于本期。

5. 排序与商史推断

尽管殷墟王陵遭到严重盗扰，学者们依然不懈地努力探讨诸大墓与商史的联系，就时段与商王对应关系提出不同的探讨方案。

（1）殷商时段，以李济先生所提方案为代表[35]。通过殷墟诸大墓间发生的地层打破关系，墓葬随葬品中白陶、骨笄特征的不同，将其中8座大墓区分为殷商早、中、晚、末不同历史阶段（表二十二）。

表二十二　李济对西北岗王陵区 8 座商代大墓殷商分期位置推断

分期者 分期	李济 1957—1959 年
殷商早期	1001
殷商中期	1002、1004、1550
殷商晚期	1003、1500、1217

（2）考古分期，主要是考古学家依据地层及墓葬包含物特征，提出分期方案（表二十三）。

（3）早晚排序，主要见于从事历史学和古文字学者研究成果（表二十四）。

笔者认为，将西北岗商代大墓与商王对应的探讨具有重要的学术意义，也是历史学与考古学研究的目标。限于学科的局限性，学界所提对应方案属于尝试性推测，不能作为定论。这是因为：

西北岗王陵区商代大墓均遭盗扰，主要遗物被劫掠，墓葬内涵丧失完整性，且不同大墓间存有遗物互混现象。这些因素对学者判断墓地考古学文化分期编年的可信度有一定影响。

表二十三　部分学者对西北岗王陵区商代大墓分期方案示意

方案 分期	邹衡[36] 1964 年	张长寿[37] 1979 年	邹衡[38] 1980 年	杨锡璋[39] 1981 年	郑振香[40] 2002 年	陈志达[41] 2007 年	胡进驻[42] 2010 年	唐际根[43] 2012 年
商代中期								78M1
一			1500、1217（商前期）		1001	78M1	78M1	
二	1001、WKGM1	1004、1400 WKGM1	1001、WKGM1（商后期）	260、1001 1400、1550、WKGM1 78M1		1001、1550 1004	WKGM1、260、1443、1400、1001、1550	
三	1004、1217 1550		1002、1004 1550、260	1002、1004 1217、1500		1002、1500 1217	1004、1217 1500、1002	
四	1003、1400		1003、1400	1003		1003、1567	1003、1567	

表二十四 部分学者对西北岗王陵区商代大墓相对早晚排序方案示意

方案 / 序号	V·凯恩[44] 1975年	胡厚宣[45] 1977年	尹盛平[46] 2001年	胡进驻[47] 2010年	范毓周[48] 2011年
1	1443	1001	1217	1001	1129
2	1129	1004	1550	1550	1443
3	1500	1550	1400	1400	WKGM1
4	1217	1003	1001	1004	1001
5	WKGM1	1002	1002	1002	1400
6	1001	1500	1004	1500	1550
7	1550	1217	1003	1217	1004
8	1400		1567	1003	1002
9	1004			1567	1500
10	1002				1217
11	1003				1003
12					1567

说明：表中所列诸排序方案同一序号不能作同时联系。

（4）对应商王，主要见于从事历史学、古文字、考古学者研究成果（表二十五）。

西北岗王陵区内埋葬有不同级别的墓葬，学者对一级大墓为商王陵没有异议，对二级、三级大墓则有商王或商王配偶等不同认识。传世文献与甲骨卜辞显示商王世系及人数虽然相近，但也有差异，如文献《史记·殷本纪》记盘庚迁殷至帝辛

表二十五　部分学者将西北岗王陵区商代大墓（或部分）与王室成员对应方案示意

方案 王室成员	Soper[49] 1966年	V·凯恩[50] 1975年	路易斯·胡博[51] 1983年	曹定云[52] 1986年、1988年	尹盛平[53] 2001年	陈志达[54] 2007年	胡进驻[55] 2010年	范毓周[56] 2011年
盘庚		1443	1001		1217			1129
小辛			1004					1443
小乙		1500	WKGM1				78M1	WKGM1
武丁	1001	1001	1001	1001	1400	1004	1001	1001
武丁配偶				WKGM1	260			260
武丁之子					1443 1129			
祖己	1550							1400
祖庚	1002							1550
祖甲	1004							1004
廪辛								
康丁								1002
武乙								1500
文丁								1217
帝乙	1003	1003					1003	1003
帝辛					1567		1567	1567

亡国历8世12王。王位传承有父子相袭、兄弟相继等不同形式。甲骨卜辞显示受祭商王与文献记载略有出入，显示配偶数量也不完全。由于14座商代大墓数量多于文献记载盘庚迁殷至商亡的12位商王，判断其中有些大墓非商王墓葬。

有关商代墓地制度因疏于文字记录，至今仍属研讨。西北岗王陵区因墓地内尚存有未探或未发掘区域，不敢断言墓地布局、墓葬数量完全清楚。

注释

1 殷墟西北岗，实际位置在侯家庄东北方向。位于小屯村北约2500米，东距前营村约300米，南距武官村约800米。海拔约80米，地势较高。参见中国社会科学院考古研究所编著：《殷墟的发现与研究》，科学出版社，1994年，第100页。

2 主要指位于墓地北部、已经发掘并公布材料的14座带墓道大墓（按：学者认为1567应为未完成的大墓）。材料见中央研究院历史语言研究所出版：《中国考古报告集之三·侯家庄》第2本至第9本；郭宝钧：《一九五〇年春殷墟发掘报告》，《中国考古学报》第7册，1951年；中国社会科学院考古研究所安阳工作队：《安阳侯家庄北地一号墓发掘简报》，《考古学集刊》（2），中国社会科学出版社，1982年；中国社会科学院考古研究所安阳队：《殷墟259、260号墓发掘报告》，《考古学报》1987年第1期。

3 邹衡：《试论殷墟文化分期》，《北京大学学报》（人文科学）1964年第4、5期，收入《夏商周考古学论文集》，文物出版社，1980年。郑振香：《殷墟文化分期与年代》，《殷墟的发现与研究》，科学出版社，1994年。

岳洪彬：《殷墟青铜礼器研究》，中国社会科学出版社，2006 年。
4 中国社会科学院考古研究所安阳工作队：《1987 年夏安阳郭家庄东南殷墓的发掘》，《考古》1988 年第 10 期，第 954 页。
5 中国社会科学院考古研究所安阳工作队：《1986-1987 年安阳花园庄南地发掘报告》，《考古学报》1992 年第 1 期，第 107 页。
6 中国社会科学院考古研究所安阳工作队：《2004-2005 年殷墟小屯宫殿宗庙区的勘探和发掘》，《考古学报》2009 年第 2 期，第 234 页。
7 中国社会科学院考古研究所安阳工作队：《河南安阳市郭家庄东南 26 号墓》，《考古》1998 年第 10 期，第 38 页。
8 安阳市文物工作队：《安阳徐家桥村殷代遗址发掘报告》，《华夏考古》1997 年第 2 期，第 40 页。原报告称“壶”。
9 中国社会科学院考古研究所安阳工作队：《安阳小屯村北的两座殷代墓》，《考古学报》1981 年第 4 期，第 502 页。
10 殷墟孝民屯考古队：《河南安阳市孝民屯商代墓葬 2003-2004 年发掘简报》，《考古》2007 年第 1 期，第 29 页。
11 中国社会科学院考古研究所编著：《安阳殷墟花园庄东地商代墓葬》，科学出版社，2007 年，第 41 页。
12 中国社会科学院考古研究所安阳工作队：《河南安阳市殷墟孝民屯东南地商代墓葬 1989-1990 年的发掘》，《考古》2009 年第 9 期，第 22 页。
13 安阳市文物工作队：《1995-1996 年安阳刘家庄殷代遗址发掘报告》，《华夏考古》1997 年第 2 期，第 39 页。
14 中国社会科学院考古研究所安阳工作队：《1969-1977 年殷墟西区墓葬发掘报告》，《考古学报》1979 年第 1 期，第 71 页。
15 中国社会科学院考古研究所安阳工作队：《河南安阳市殷墟小屯西地商代大墓发掘简报》，《考古》2009 年第 9 期，第 66 页。
16 中国社会科学院考古研究所安阳工作队：《1973 年小屯南地发掘报告》，《考古学集刊》（9），科学出版社，1995 年，第 75 页。
17 李济：《殷墟白陶发展之程序》，《中央研究院历史语言研究所集刊》第

28 本，1957 年。
18 中国社会科学院考古研究所安阳工作队：《1984—1988 年安阳大司空村北地殷代墓葬发掘报告》，《考古学报》1994 年第 4 期，第 479 页。
19 中国社会科学院考古研究所安阳工作队：《河南安阳市花园庄 54 号商代墓葬》，《考古》2004 年第 1 期，第 13 页。
20 中国社会科学院考古研究所安阳工作队：《安阳小屯村北的两座殷代墓》，《考古学报》1981 年第 4 期，第 498 页。
21 中国社会科学院考古研究所安阳队：《1991 年安阳后冈殷墓的发掘》，《考古》1993 年第 10 期，第 889 页。
22 中国社会科学院考古研究所安阳工作队：《安阳薛家庄东南殷墓发掘简报》，《考古》1986 年第 12 期，第 1071 页。
23 中国社会科学院考古研究所编著：《安阳殷墟花园庄东地商代墓葬》，科学出版社，2007 年，第 99 页。
24 中国社会科学院考古研究所安阳工作队：《安阳大司空村东南殷墓的发掘》，《考古》1988 年第 10 期，第 869 页。
25 中国社会科学院考古研究所安阳队：《1991 年安阳后冈殷墓的发掘》，《考古》1993 年第 10 期，第 889 页。
26 中国社会科学院考古研究所安阳工作队：《安阳薛家庄东南殷墓发掘简报》，《考古》1986 年第 12 期，第 1071 页。
27 中国社会科学院考古研究所安阳工作队：《1986 年安阳大司空村南地的两座殷墓》，《考古》1989 年第 7 期，第 593 页。
28 中国社会科学院考古研究所安阳工作队：《1980 年河南安阳大司空村 M539 发掘简报》，《考古》1992 年第 6 期，第 511 页。
29 安阳市文物考古研究所：《河南安阳榕树湾一号商墓》，《考古》2009 年第 5 期，第 31 页。
30 中国社会科学院考古研究所安阳工作队：《安阳殷墟西区一七一三号墓的发掘》，《考古》1986 年第 8 期，第 709 页。
31 中国社会科学院考古研究所编著：《安阳殷墟郭家庄商代墓葬》，中国大百科全书出版社，1998年，第36页。

32 中国社会科学院考古研究所安阳工作队：《1987年夏安阳郭家庄东南殷墓的发掘》，《考古》1988年第10期，第876页。

33 据报道，安阳殷墟刘家庄北M988为四条墓道的墓葬，不过其东西墓道窄而短。在详细材料尚未公布的情况下，尚不敢确认该墓为四条墓道的墓葬。见徐广德、岳占伟：《安阳市刘家庄北殷代遗址与墓葬》，《中国考古学年鉴2000》，文物出版社，2002年，第195页。

34 张光直：《殷礼中的二分现象》，《中国青铜时代》，生活·读书·新知三联书店，1999年，第239页。

35 李济：《笄形八类及其纹饰之演变》，《国立中央研究院历史语言研究所集刊》，第30本，1959年。张光直、李光谟主编：《李济考古学论文集》，文物出版社，1990年，第514页。

36 邹衡：《试论殷墟文化的分期》，《北京大学学报》（人文科学）1964年第4、5期。

37 张长寿：《殷商时代的青铜容器》，《考古学报》1979年第3期。

38 邹衡：《试论殷墟文化的分期》，《夏商周考古学论文集》，文物出版社，1980年，第70页。

39 杨锡璋：《安阳殷墟西北岗大墓的分期及相关问题》，《中原文物》1981年第3期。

40 郑振香：《侯家庄1001号大墓的年代与相关问题》，《揖芬集：张政烺先生九十华诞纪念文集》，社会科学文献出版社，2002年，第34页。

41 陈志达：《殷墟》，文物出版社，2007年，第117页。

42 胡进驻：《殷墟晚商墓葬研究》，北京师范大学出版社，2010年，第81页。

43 《大型聚落田野考古方法纵横谈》唐际根发言，《南方文物》2012年第3期。

44 中国社会科学院考古研究所编著：《殷墟的发掘与研究》，科学出版社，1994年，第111页。

45 《安阳殷墟五号墓座谈纪要》胡厚宣发言，《考古》1977年第5期，第345页。

46 尹盛平：《神权变革一千年：中华文明传真·2　商周》，第26–27页，上海辞书出版社、商务印书馆（香港），2001年。

47 胡进驻：《殷墟晚商墓葬研究》，北京师范大学出版社，2010年，第81页。

48 范毓周：《殷墟王陵年代探论》，《殷墟与商文化——殷墟科学发掘80周年纪念文集》，科学出版社，2011年，第11页。

49 张光直：《殷墟五号墓与殷墟考古上的盘庚、小辛、小乙时代问题》，《中国考古学论文集》，生活·读书·新知三联书店，1999年，第414页。朱彦民：《殷墟都城探论》，南开大学出版社，1999年，第31页、第40页注释[81]。

50 中国社会科学院考古研究所编著：《殷墟的发掘与研究》，科学出版社，1994年。

51 朱彦民：《殷墟都城探论》，第15页、第37页注释[20]，南开大学出版社，1999年。

52 曹定云：《论殷墟侯家庄1001号墓墓主》，《考古与文物》1986年第2期。

53 尹盛平：《神权变革一千年：中华文明传真·2　商周》，上海辞书出版社、（香港）商务印书馆，2001年，第26–27页。

54 陈志达：《殷墟》，第119页，文物出版社，2007年。

55 胡进驻：《殷墟晚商墓葬研究》，北京师范大学出版社，2010年，第76、92页。

56 范毓周：《殷墟王陵年代探论》，《殷墟与商文化——殷墟科学发掘80周年纪念文集》，科学出版社，2011年，第11页。

司母戊鼎文物价值估计

文物的不可再生性决定其具有历史、科学和艺术三大价值。以三大价值为标准，可将文物区分为珍贵文物和一般文物两类。其中的珍贵文物又可分级。中国古代青铜器多属珍贵文物，其中作为一级文物的青铜器应当具有造型、纹饰精美，能代表一个时期工艺铸造技术水平；有确切出土地点可以作为断代标准；铭文反映重大历史事件，具有历史人物或书法艺术；在工艺发展史上具有特别重要价值等特点。司母戊鼎是青铜重器，被定级为一级文物。笔者试估计这件大鼎的文物价值。

一、历史价值

1. 方鼎至尊。考古发现商代大型方鼎居当时青铜鼎之首，具有很高的等级，当属王室使用重器，多见于商代都城。如商代早期都城亳（今河南省郑州商城）出土8件方鼎（表二十六）[1]，商代晚期都城殷（今河南省安阳殷墟）出土不少于21件[2]长方形鼎（表二十七）。

表二十六　商代早期都城亳（今河南郑州）出土方形铜鼎体量差异示意（单位：厘米、公斤）

出土地点、器物编号	高	长	宽	壁厚	重
郑州张寨窖藏：1	100	62.5	61	0.4	86
郑州向阳回民食品厂 H1：2	81	55	53	0.7	75
郑州张寨窖藏：2	87	61	61	0.4	64.25
郑州南顺城街 H1 上：1	83	51.5	51.2	0.5-1	52.9
郑州向阳回民食品厂 H1：8	81	53	53	0.6-0.8	52
郑州南顺城街 H1 上：2	72.5	44.5	43.5		26.7
郑州南顺城街 H1 上：3	64	42.5	42		21.4
郑州南顺城街 H1 上：4	59	38	36		20.3

2. 历史事件和历史人物。大鼎长腹内壁一面铸有阴文“司母戊”，铭文显示其用作祭祀一位周祭排序在戊日的先妣（多认为是作器者的母亲）。参照商代周祭制度研究成果[3]可知，受器人应为商王所奭妣戊。作器者为一代商王，从而决定大鼎体征规格属王室重器。

表二十七 商代晚期都城殷（今河南安阳）出土部分长方形铜鼎体量差异示意（单位：厘米、公斤）

出土地点、器物编号	高	长	宽	壁厚	重
司母戊鼎（武官村附近）	133	110	79	3	832.84
司母辛鼎（小屯 M5：789）	80.1	64	48	0.8	128
司母辛鼎（小屯 M5：809）	80	64	47.6	0.8	117.5
牛鼎（西北岗殷王陵 1004）	73.3	64.1	44.7	2	110.4
鹿鼎（西北岗殷王陵 1004）	60.9	83	74	1.1	60.4
妇好鼎（小屯 M5：812）	42.3	34.1	24.8	0.5	18
妇好鼎（小屯 M5：813）	42.4	33.3	25.1	0.5	17
亚长鼎（花园庄东地 M54：191）	36.4	26.2	18.9	0.6	12.5
花园庄东地 M54：170	32.3	27.3	23.1	0.9	10
亚址鼎（郭家庄 M160：134）	21.6	16.6	13.5	0.65	3.85
父己鼎（安阳近郊）	21.5				
大司空村 T1418M303：114	21.6	16.7	13.3		2.8
大司空村 T1418M303：115	21.7	16.5	13.2		2.65
郭家庄 M160：21	18.5	12.8	11	0.4	1.6
郭家庄东南 M1：18	16.5	12.4	10.4		
妇好鼎（小屯 M5：834）	12.2	9.2	7.6	0.5	0.7
亚鼎（郭家庄东南 M1：19）	10	7.3	6.1		

铭文字体较粗壮，司、母（女）位置大致上下，母（女）双臂下垂，足跟超出臀部。有学者将这种书体作为殷墟文化三期的特征之一[4]。

因此，大鼎对于解读商代晚期特定文化遗存的时代、等级制度、周祭制度、宗教意识、历史人物（商王及配偶）等问题可以提供重要的参照线索。

二、科学价值

大鼎体量居商代青铜鼎之首，综合体量和重量判断，目前应居夏商周时代第一青铜大鼎的地位。制作这样宏大体量的铸件，其工序流程当涵盖当时铸工的各个方面，即设计、模型、备料、铸型、制范、合金配料、熔铜浇铸、修治等多道工序，堪称当时铸造工艺的代表，是了解当时铸造工艺的典型范例。其中有四点工艺具有典型意义：

1. 合金比例。将大鼎耳部取样分析合金比例与商代早期铜方鼎合金比例进行比较（表二十八），可以看出作为商代晚期铜方鼎代表作的大鼎合金中，铜的比例略有降低，锡的比例有所升高，铅的比例有较为明显的升高。加锡 15%，则使纯铜熔点由 1084.5℃降至 960℃，加锡还可以提高铜合金的硬度和光亮的色泽。由于铅不能熔解于铜内，只能在铜液中均匀地分布作滴状浮悬，因此使铜液在浇注时具有较好的流畅性。

表二十八　商代早晚期部分铜方鼎合金比例比较

合金比例 / 青铜方鼎	铜	锡	铅	其他	时代
郑州南顺城街 96H1 上：4 基体	86.8	11.2	1.46	铁、硫等	商代早期
安阳司母戊鼎（耳）	84.77	11.64	铅 2.79	其他微量元素	商代晚期

2. 熔铜浇铸。殷墟铸铜遗址发现有直径 30–108.5 厘米草泥熔铜炉，学者推断铸造 875 公斤重的大鼎需准备 1200–2000 公斤左右铜料，用大型熔炉熔铜浇铸。

3. 分铸合铸。鼎体与耳分铸完成，最后合铸一体，这一铸造工艺可以看作周代逐渐流行的分铸法的先河。

4. 间隔空足。大鼎四足主体为空心，足壁与鼎腹厚度接近，其中留有上下两端间隔。据学者研究，采用这样的模范铸造成型，主要是因为青铜收缩率约在 1.5% 以上，为保持整体收缩时产生的应力一致，避免足与腹连接处开裂[5]，所以底、足均在 3 厘米左右厚。同时为解决承重的问题，在足内下部留出一段间隔，以内范填充其中。这样既兼顾青铜收缩应力一致，又增加足部的承重力度。

三、艺术价值

主要表现在造型特征、纹饰和铭文三个方面。

1. 造型。长方形造型青铜鼎最早出现于商代晚期，大鼎通高约 133 厘米，长约 110 厘米，宽约 79 厘米。体征比例，器高与长比例约为 1.21∶1；腹长与宽比例约为 1.39∶1；腹高约 49.9 厘米，与长比例约为 1∶2.2；耳、腹、足高分别约为 36.1 厘米、49.9 厘米、47 厘米，占与器高的比例分别约为 1∶3.7、1∶2.7、1∶2.8。作为商代长方形鼎中造型最大者，决定其细节变化最为丰富。有学者据大鼎腹高 66 厘米与长 110 厘米之比约等于 0.6，近“黄金分割”的常数 0.618，认为比古希腊数学家毕达哥拉斯的认识要早 500 年[6]。

2. 纹饰。大鼎自耳至足，装饰由云雷纹为底纹托浮兽面样的多层花纹。纵览商代晚期铜长方鼎纹饰，像大鼎这样以单元带状纹样为主题作回形布局，间以局部素地，使鼎体纹饰在疏密中透现空灵，在耳、体、足部按照不同寓意穿插诸多具有神格化的动物形象（龙、虎、牛、羊、人等），这样的纹样布局和纹样特征为其他方鼎所不见或少见。大鼎纹饰层次分明，疏密有致，整体肃穆，成为商代晚期青铜器纹饰设计与制作水准的代表。局部差异现象中，如圆耳与尖耳，瞳圆形或长圆形，瞳内有孔或无孔，孔有点状与横线之别，双目（多为合成图像）中存在均有瞳孔或均无瞳孔、有瞳孔对无瞳孔等，似有规律与特定的含义。

3. **铭文**。大鼎一侧腹内壁所铸铭文是目前所见商代金文字体最大者，这一辞例为商代文辞首见，笔画波折代表了商代文字一个发展阶段的特征。

综上所述，大鼎因代表商代铸铜工艺最高水准，涉及商代祭祀、等级、人物，具有重要的历史价值、科学价值、艺术价值，作为一级文物，堪称国宝。随着日后研究的深入，对大鼎文物价值的认识将更加深入全面。

注释

1 河南省文物研究所、郑州市文物考古研究所编著：《郑州商代铜器窖藏》，科学出版社，1999 年。

2 岳洪彬：《殷墟青铜礼器研究》，中国社会科学出版社，2006 年。

3 陈梦家：《殷墟卜辞综述》，中华书局，1956 年。

4 邹衡：《试论殷墟文化分期》，《北京大学学报》（人文科学）1964 年第 4、5 期，收入邹衡：《夏商周考古学论文集》，文物出版社，1980 年。

5 杨根、丁家盈：《司母戊大鼎的合金及其铸造技术的初步研究》，《文物》1959 年第 12 期。

6 李立新：《盘点“司母戊”大方鼎》，《收藏》2001 年第 10 期。

司母戊鼎大事记

1934 年

中央研究院历史语言研究所发掘河南安阳侯家庄西北岗时，侦知武官村村民吴梓龄家祖坟（通称“吴家柏树坟园”）地下可能有古墓存在，但碍于习俗，未曾发掘。

1939 年

3 月，河南省安阳县西北乡武官村村民在农田中掘获一件青铜大鼎。因日伪搜寻，复埋于地下。

1946 年

7 月，安阳县府起获这件青铜大鼎，缺一耳。由安阳县古物保存委员会保管，陈放萧曹庙供各界参观。时称炉或鼎，定为周代器或商末周初器。

10月，《申报》特派员邵慎之实地采访，定为殷器，释铭文为“后妻戊”或“妻戊”。驻安阳军事当局闻讯接收大鼎，作为献给蒋介石的寿礼运至南京，由中央博物院筹备处保管。

11月，学者张凤释铭文为“司母戊”，称名“司母戊方鼎”。

1948年

5月28日至6月8日，国立北平故宫博物院、中央博物院筹备处联合在南京中山门内半山园举办展览会，司母戊鼎作为重要的展品向社会展出。

1949年

4月，中国人民解放军占领南京。司母戊鼎未及运往台湾，留藏中央博物院筹备处。

1950年

3月，南京博物院成立，司母戊鼎入藏南京博物院。

1953年12月至1955年

南京博物院修复司母戊鼎，仿铸缺失之耳，修复双耳。

1957 年

南京博物院对司母戊鼎核准重量为 1750 斤稍低（合 875 公斤稍低）。

9 月，司母戊鼎作为重要展品在南京博物院“中国历史文物陈列”展览中展出。

1959 年

1 月，司母戊鼎被列入筹建中的中国历史博物馆通史陈列内容。

3 月，司母戊鼎被列入征调文物清单，由中宣部发往有关单位。

4 月，南京博物院将司母戊鼎移交正在筹建中的中国历史博物馆。

至 10 月，作为“中国通史陈列”试展、预展和正式展览的重要文物，称名“司母戊鼎”。

12 月，学者公布“司母戊鼎”的合金成分及铸造工艺研究成果。

1962 年

中国历史博物馆完成“司母戊鼎”复制工作。

12 月，学者金祥恒释“司”为“后”，称“后母戊”。

1964 年

8 月，邮电部发行《殷代铜器》特种邮票，其中第 8 枚为面值 20 分的“司母戊鼎”。

1978 年

中学历史教材介绍“司母戊（也有人读作‘后母戊’）鼎”。

1979 年

《辞海》（修订本）介绍“司母戊（或释‘后母戊’）鼎”。

北京大学《商周考古》、南开大学《中国古代史》、高等院校文科教材《中国古代史》介绍司母戊鼎。

1981 年

2 月，学者公布“司母戊鼎”铸造工艺新的研究成果。

1984 年

9 月至 12 月，中国社会科学院考古研究所安阳工作队清理发掘传出“司母戊鼎”墓，编号 84AWBM260。

1985 年至 1990 年

中国历史博物馆对司母戊鼎结构、组织、锈蚀、化学成分、铸范、重量进行检测分析。

1994 年

中国历史博物馆与中国计量科学研究院合作测试“司母戊鼎”，计重 832.84 公斤。

1998 年

6 月，研究人员公布 X 光检测“司母戊鼎”铸造工艺结果。

2003 年

中国革命博物馆与中国历史博物馆合并组建中国国家博物馆，司母戊鼎为中国国家博物馆收藏。

2005 年

9 月，为支持并配合安阳殷墟申遗活动，司母戊鼎回归故里展出。

2006 年

司母戊鼎在殷墟博物苑殷墟博物馆展出，称名“司母戊鼎”。

2007 年

12 月，“司母戊”作为申请商标，在国家工商总局商标局获准注册。

2008 年

7 月至 9 月，作为北京奥运会特别展出文物，司母戊鼎在北京奥林匹克公园内中国科技馆新馆“奇迹天工——中国古代发明创造文物展”展出，称名“司母戊鼎”。

2009 年

中国国家博物馆对司母戊鼎立项研究（地面雷达激光扫描、精细测绘、三维数字、全方位 X 光探伤等）。

2011 年

3 月，作为中国国家博物馆专题陈列“中国古代青铜器艺术”重要展品，在中国国家博物馆展出，称名“后母戊鼎”。

9 月，“后母戊”作为申请商标，在国家工商总局商标局获准注册。

11 月，安阳市政协举办“思辨堂”，邀请中国社会科学院历史研究所、北京大学、中国国家博物馆、安阳部分学者就司母戊鼎称名中“司”“后”进行讨论。

2012 年

7 月，中国邮票总公司发行《2012 中国邮票》，其中 2012–16 国家博物馆邮票，包括面值 3 元的《国家博物馆司母戊鼎》。

2013 年

7 月，中国国家博物馆公布“后母戊”鼎足采样检测结果，显示主要病害状况。

司母戊鼎研究主要参考文献

一、出土传说

《国家文化　周朝古鼎》，《中央日报》1946年7月21日，第3版。

《豫北安阳掘出一只周鼎》，《中央日报》1946年7月24日，第8版。

邵慎之：《安阳探古殷代祭器出土记》，《申报》1946年10月27日，第3张。

张恩言：《国宝罹难录——殷墟司母戊方鼎出土前后》，《中州今古》1984年第2期。

杨宝成：《安阳市殷墟王陵区司母戊墓及其他墓葬》，《中国考古学年鉴1985》，文物出版社，1985年。

申斌：《司母戊大鼎埋藏位置初探》，《殷都学刊》1986

年第3期。

郭羽：《司母戊鼎掉耳轶闻》，《中国文物报》1990年3月15日，第4版。

尚广、郁真：《难以磨灭的回忆——“司母戊”方鼎出土记》，《文史春秋》2000年第10期。

尚广、郁真：《“司母戊”方鼎出土记》，《人民政协报》2001年8月10日，《收藏》2001年第10期。

李根林：《吴培文与司母戊鼎共命运》，《河南日报》2002年9月6日，第5版。

楚涛、志伟：《国宝历险记》，《东方今报》2005年9月20日，A15版。

《司母戊大方鼎当年发现者讲述国宝劫难经历》，《东方今报》2005年9月20日。

杨小林：《司母戊鼎访谈纪实》，《中国文物科学研究》2006年第3期。

李虎等：《是他，发现和保护了司母戊鼎：传奇老人吴培文辞世》，《河南日报》2006年12月19日，第5版。

《国宝司母戊鼎发现者离开人世》，《法制晚报》2006年12月22日，第A26版。

夏兴初：《司母戊方鼎流落记》，《四川统一战线》2009年第6期。

于成龙：《盗掘人挖出“后母戊”大方鼎》，《法制日报》2012年11月18日，A19版。

二、流传收藏

1. 安阳

《国家文化　周朝古鼎》，《中央日报》1946年7月21日，第3版。

《豫北安阳掘出一只周鼎》，《中央日报》1946年7月24日，第8版。

邵慎之：《安阳探古殷代祭器出土记》，《申报》1946年10月27日，第3张。

张恩言：《国宝罹难录——殷墟司母戊方鼎出土前后》，《中州今古》1984年第2期。

《司母戊大方鼎昨回归故里》，《北京晚报》2005年9月20日。

楚涛文：《司母戊鼎进门一波三折》，《东方今报》2005年9月20日，A04版。

刘先琴：《司母戊大方鼎亮相河南安阳》，《光明日报》2005年9月20日，第001版。

唐际根：《司母戊鼎故里行》，《中国文物报》2007年2月2日，第3版。

2. 南京

《商代衍龙鼎》，《大公报》1946 年 10 月 30 日，第 9 版。

《夔龙宝鼎运京呈献主席》，《中央日报》1946 年 11 月 3 日，第 5 版。

夏鼐：《1946 年 11 月 24 日日记》，《夏鼐日记》卷 4，华东师范大学出版社，2011 年。

曾昭燏：《〈司母戊鼎〉前言》，《曾昭燏文集》，文物出版社，1999 年。

徐湖平主编：《奋进之路：南京博物院七十年院史（1933-2003）》，中国江苏南京博物院，2003 年。

庄灵：《蓦地离分无限憾》，《紫禁城》2010 年第 10 期。

3. 北京

中国历史博物馆建馆小组：《中国历史博物馆通史陈列指导思想与陈列内容要点说明》，1959 年 1 月 20 日油印本。

历史博物馆：《中国通史陈列思想原则中国通史陈列要点》，1959 年 2 月 25 日修订稿。

中国历史博物馆：《中国通史陈列展品详目及说明》，1963 年油印本。

中国历史博物馆编：《简明中国历史图册 · 2 · 奴隶社

会》，天津人民美术出版社，1979年。

中国历史博物馆编：《中国历史博物馆》，文物出版社、株式会社讲谈社，1984年。

中国历史博物馆编：《中国古代史参考图录·奴隶社会》，上海教育出版社，1989年。

中国历史博物馆陈列部：《中国通史陈列展品详目及说明》，1993年。

中国历史博物馆编：《中国通史陈列》，朝华出版社，1998年。

刘桂英主编：《中国历史博物馆》，北京燕山出版社，1998年。

中国历史博物馆编著：《华夏文明史图鉴》，朝华出版社，2002年。

贺岩、姜崴：《国宝司母戊抬进奥运中心区》，《北京晨报》2008年7月29日，A3版。

三、称名研讨

1. 铭文释读

邵慎之：《安阳探古殷代祭器出土记》，《申报》1946年10月27日，第3张。

张凤：《安阳武官村出土方鼎铭文考释》，《中央日报》1946年11月17日，第10版。

丁骕：《说后》，《中国文字》第7卷第31册，台湾大学文学系编印，1969年。

《安阳殷墟五号墓座谈纪要》，《考古》1977年第5期。

张桂光：《“母后戊”方鼎及其它》，《华南师范大学学报》1985年第3期。

金祥恒：《后母戊大方鼎之为武丁后考》，《台湾大学中文学报》1985年第11期。

《释后》，《中国文字》第3卷，1962年12月。

曾文清：《关于“司母戊”“司母辛”大方鼎的“司”字质疑》，《怀化师专学报》第12卷第4期，1993年。

郑慧生：《“司母戊”释读》，《中国艺术报》2011年4月11日，第008版。

2. 更名讨论

韩旭：《青铜国宝——月底更名“后母戊鼎”》，《法制日报》2011年3月11日。

郭颖甫：《为国之重器正名——“司母戊鼎”正式更名为“后母戊鼎”》，《中国档案》2011年第7期。

杨雪梅：《“司母戊鼎”更名之思》，《人民日报》2011年3月21日，第12版。

任国战：《“司母戊”？“后母戊”？》，《河南日报》2011年3月25日，第9版。

《“司”“后”纷争再起，有关部门该出来说个话》，《河南日报》2011年11月7日，第8版。

徐颖：《妇井、妇妌与后母戊》，《语言研究》2011年第12期。

党相魁：《释甲骨文“”》，《中国文字博物馆》2011年第1期。

李建平：《“司母戊”还是“后母戊”》，《语文建设》2011年第5期。

叶静：《“司母戊鼎”不应更名“后母戊鼎”》，《语文学刊》2011年第9期。

曹定云：《“司母戊鼎”不可更名为“后母戊鼎”》，《中国社会科学报》2012年2月27日，A-07。

《论殷周时代“司”、“后”二字形义及其区分——兼论“司母戊鼎”不可更名为“后母戊鼎”》，《殷都学刊》2012年第4期。

贺汪泽：《“司母戊”而非“后母戊”辨》，《衡阳师范学院学报》2012年第33卷第2期。

葛英会：《商代大鼎的“司”、“后”之争》，《殷都学刊》2012年第1期。

吴栋梁：《也谈“司母戊鼎”的改名》，《炎黄天地》

2012 年第 4 期。

吴卫、王祯：《“司母戊”与“后母戊”鼎称之辩》，《设计》2012 年第 10 期。

常玉芝：《是“司母戊鼎”还是“后母戊鼎”——论卜辞中的“司”、“毓”》，《中原文化研究》2013 年第 1 期（创刊号）。

陈晓华：《“司母戊鼎”应定名为“后母戊鼎”》，《中国文物报》2015 年 9 月 11 日，第 6 版。

杜廼松：《司母戊鼎铭文形音义研究》，《中国文物报》2016 年 8 月 12 日，第 6 版。

卢展：《司母戊鼎“后”“司”之辨，更与不更？》，《艺术市场》2016 年 9 月号上旬刊。

孙机：《关于“后母戊鼎”的定名问题》，《中国文物报》2016 年 9 月 13 日，第 6 版。

张鹏：《杜廼松深入考证古鼎之名　司母戊鼎名称不容置疑》，《北京晚报》2016 年 11 月 1 日，第 33 版。

李维明：《司母戊鼎更名现象观察》，《古代文明》（第 10 卷），上海古籍出版社，2016 年。

孙机：《中国第一大鼎应该叫什么名字》，《北京晚报》2016 年 12 月 22 日，文史 39 版。

四、铸造蠡测

杨根、丁家盈：《司母戊大鼎的合金及其铸造技术的初步研究》，《文物》1959 年第 12 期。

于省吾：《司母戊鼎的铸造和年代问题》，《文物精华》第 3 集，文物出版社，1964 年。

万家保：《商代几件大青铜方鼎铸造方法的商榷——兼评〈司母戊鼎铸造工艺的再研究〉》，《大陆杂志》第 63 卷第 4 期，1981 年。

冯富根、王振江、白荣金、华觉明：《司母戊鼎铸造工艺的再研究》，《考古》1981 年第 2 期。

宋淑悌：《司母戊鼎的 X 光检测及其铸造工艺》，《东南文化》1998 年第 3 期。

姚青芳：《从司母戊鼎的合金成分谈起——兼谈文物保护科研方法在青铜器研究中的应用》，《中国文物保护技术协会第二届学术年会论文集》，2002 年。

常安国：《商代晚期铸造的大型青铜器：司母戊方鼎》，《铸造技术》2005 年第 5 期。

董亚巍：《从范铸结构看司母戊鼎的范铸工艺》，《文物鉴定与鉴赏》2012 年第 10、11、12 期。

韩英、杨小林、马燕茹：《后母戊鼎西南足腐蚀产物物相分析》，《中国国家博物馆馆刊》2013 年第 7 期。

李维明：《司母戊鼎制作场景蠡测》，《南方文物》2016年第4期。

五、综合研究

1. 器物介绍

平庐：《司母戊大鼎（封面说明）》，《大陆杂志》第2卷第5期，1951年。

曾昭燏：《〈司母戊鼎〉前言》，《曾昭燏文集》，文物出版社，1999年。

郭胜强：《商代司母戊大方鼎简介》，《史学月刊》1983年第2期。

《司母戊鼎实重新测定》，《中国文物报》1994年12月18日，第1版。

高蒙河：《司母戊鼎的新重量》，《新民晚报》1999年11月17日，第21版。

李立新：《盘点国宝“司母戊”大方鼎》，《收藏》2001年第10期。

原华丽：《走近司母戊方鼎》，《美术时代》（上）2010年第5期。

冯峰：《现存最大最重的中国上古青铜容器“后母戊”方

鼎》，《中国国家博物馆展品中的100个故事》，文物出版社，2012年。

2. 研究探讨

于省吾：《司母戊鼎的铸造和年代问题》，《文物精华》第3集，文物出版社，1964年。

中国社会科学院考古研究所安阳工作队：《安阳武官村北的一座殷墓》，《考古》1973年第3期。

杜廼松：《司母戊鼎年代问题新探》，《文史哲》1980年第1期。

楚戈：《法统的象征》，《故宫文物月刊》第1卷第1期，1985年。

中国社会科学院考古研究所安阳工作队：《殷墟259、260号墓发掘报告》，《考古学报》1987年第1期。

杜廼松、杜洁珣：《闻名于世的青铜重器——司母戊大方鼎的发现和重要价值》，《步入青铜艺术宫殿》，人民教育出版社，1989年。

唐际根：《司母戊鼎并非中国古代最大的青铜器？》，《艺术市场》2010年第1期。

彭安保：《司母戊鼎是最大的青铜器吗？》，《中华遗产》2010年第6期。

李维明：《司母戊鼎还有多少待解之谜》，《中国文物报》2013 年 9 月 27 日，第 5 版。

《司母戊鼎略说》，《中原文物》2014 年第 1 期。

《司母戊鼎大事略编》，《中原文物》2014 年第 1 期。

《司母戊鼎大事编年》，《古代文明》（第 10 卷），上海古籍出版社，2016 年。

《司母戊鼎研究历程初览》，《中国文物报》2015 年 6 月 19 日第 6 版、7 月 3 日第 6 版、7 月 31 日第 6 版。

《司母戊鼎纹饰与寓意蠡测》，《中原文物》2016 年第 6 期。

走近司母戊鼎

第一次知道司母戊鼎是在20世纪70年代后半期，作为下乡知青招工回城不久，因时逢恢复高考，在复习材料中了解到这是商王朝奴隶社会达到鼎盛的象征。

第一次见到司母戊鼎是在1983年的秋天，那是大学三年级时随考古班参观中国历史博物馆。中国历史博物馆展出的文物很多，而参观时间只安排了一个上午，浏览众多历史文物后，对于司母戊鼎的印象是体型庞大，是奴隶制社会由奴隶集体协作生产的代表作。

对于司母戊鼎有稍多了解，是1986年考入北京大学考古系跟随邹衡先生读研究生时。在邹先生编写的《商周考古》（文物出版社，1979年）和《夏商周考古学论文集》（文物出版社，1980年）等书中，有对司母戊鼎在商文化编年位置的学术判断，属于殷墟文化第三期。

1995–2000 年，在首都师范大学历史系任教期间，多次带学生参观中国历史博物馆，总会在司母戊鼎旁驻足，感受历史的沉重。

2001 年，调到中国历史博物馆工作，此时大鼎已入库收藏。虽然注意到学界对于这件青铜大鼎还有后母戊鼎的称名，但在承担展览大纲《古代中国》和普及性读物《文物中国史》夏商周卷的撰写工作时，基本沿用广为社会熟知的“司母戊鼎”称名。

2010–2011 年，中国国家博物馆部分学者在编纂图录（《中华文明——〈古代中国陈列〉文物精萃》，中国社会科学出版社，2010 年）和策划展览中（“中国古代青铜器艺术”，2011 年）。将以往称名“司母戊鼎”更名为“后母戊青铜方鼎”“后母戊鼎”，引起社会较为强烈的反响。为此，来自中国社会科学院历史研究所、北京大学考古文博学院、中国国家博物馆、安阳市不同单位的部分专家学者，2011 年 11 月 4 日上午在安阳市政协“思辨堂”就“后”“司”之辨展开学术讨论。多位学者发表论文表示不同意见。

当有些学界前辈、学术朋友为此询问我的意见时，我对这样一件看似熟悉的大鼎忽然感到了一种距离感。我知道在这些学术同人中，有些学者对这个问题未作研究，有些学者则有所探讨，他们不过是想了解一下我的看法。虽然出于对学术的严肃性而保持谨慎态度，我对来自学术同人的问题不作明确表态，但作为学习夏商周考古的学者，对这一具有影响的商代大鼎，应当有所学习和探讨的想法由此萌生。然而当走近这件享有盛誉的国宝，却感到对其知之甚少。虽然有关这件大鼎的介绍材料数以百计，但有些信息存有差异，疑惑因此而生。

从 2012 年起，我开始搜集、学习、熟悉、分析相关材料，有意识地到展厅观察这件大鼎。在这一过程中，我经常带着单位介绍信和干粮到国家图书馆查阅 1949 年以前出版的报刊和台湾地区出版的学术刊物。往返途中的烈日与寒风，春节假期期间图书馆少有的寂静，这些场景至今依然历历在目。

由于司母戊鼎涉及历史、考古、文字、冶金等多学科知识，给世人留下许多待解之谜。为此我撰写了《司母戊鼎——还有多少待解之谜》（《中国文物报》2013 年 9 月 27 日）一文，列出数条有关司母戊鼎出土、收藏、研究所存在的信息分歧，以求有关学者关注这件青铜重器。

通过对这件大鼎不同信息的分析研究，我逐渐有了初步认识。在学习的基础上，我写作了《司母戊鼎略说》（《中原文物》2014 年第 1 期），对不同信息作出初步判断。

为了判断司母戊鼎是否出自 84AWBM260（有学者称司母戊墓），我对安阳侯家庄西北岗殷王陵 14 座商代大墓材料进行了学习，对王陵区的墓葬分区、形制等级、方向差异、分期布局作较为全面的分析后，写作了《殷墟西北岗王陵区商代大墓分析》（《四川文物》2014 年第 5 期）一文。通过学习发现，司母戊鼎是目前发现最大的商代青铜鼎，而 84AWBM260 的规模与等级在殷王陵 14 座商代大墓中约排在第 11 位，两者分量明显不相称。据此判断，如果司母戊大鼎出自殷王陵的话，应出自具有四条墓道的商代大墓，以位于 84AWBM260 以北数十米的 1400 号大墓值得注意。

对于将以往称名“司母戊鼎”改为“后母戊鼎”的更名现象，我在梳理相关的学术史，对比了不同称名方案论据后，写了《司母戊鼎更名现象观察》［北京大学中国考古学研究中心、北京大学震旦古代文明研究中心编：《古代文明》（第 10 卷），上海古籍出版社，2016 年］，《司母戊鼎更名现象再观察》（2016 年完成，收入本书），初步了解更名现象发生的缘由，判断此举属于更（换）名，尚无确证为正名。

在观察司母戊鼎的过程中，我察觉到这件大鼎庄严大气的形体，多现粗糙之处。总体对称的纹饰，细节多存变化。这些变化是不同工匠所为，还是另有寓意使然，值得探讨。鼎体一角显现大片褐色锈斑，其下纹饰模糊，这是否是由 1939 年出土后村民锤击分解未果形成的遗痕？为此，我写作了《司母戊鼎纹饰与寓意蠡测》（《中原文物》2016 年第 6 期）一文。

回顾司母戊鼎研究历程，我参照时代背景、研究重点、信息补充或出现新的认识等因素，将有关司母戊鼎研究历程分为 1949 年以前、1949 年至 1977 年、1978 年至今三个时段，概述各段研究不同程度涉及出土、流传、图案、铸造、铭文、商史等学术观点，完成《司母戊鼎研究历程初览》（《中国文物报》2015年6月19日第6版、7月3日第6版、7月31日第6版）。

学习前人通过器形、范线观察、物理探测、模拟实验对司母戊鼎铸型工艺、熔铜浇铸、铸件完成等流程所取得的研究成果，参照相关考古材料，我写作了《司母戊鼎制作场景蠡测》（《南方文物》2016年第4期）。

有学者以殷墟五号墓（又称妇好墓）出土的司母辛鼎特征类比推断司母戊鼎在殷墟文化中的分期位置，我在学习殷墟妇好墓材料和比较两鼎的特征后，认为还有讨论的余地，为此我写作了《司母辛鼎与司母戊鼎类比小议》（2016年完成，收入本书）。

在搜集、学习、分析有关司母戊鼎的材料和观察这件大鼎的过程中，在感受司母戊鼎体量宏大的震撼、纹饰的繁缛及寓意之神秘的同时，还初步感受到这件广为社会熟知的国宝级文物的价值，写作了《司母戊鼎文物价值估计》（2016年完成，收入本书）。同时还感受到这件大鼎不知还隐含着多少待解之谜和有待学者探究的诸多历史信息，这些正是这件文物的魅力所在。

司母戊鼎画影

观察是直观了解对象的方法之一。就文物研究而言，在条件允许的情况下，对文物进行实物勘察对于熟悉文物特征、发现问题、启迪新思都有着重要的作用。虽然，以前也曾在中国历史博物馆“中国通史陈列”展览中见过司母戊鼎，但限于时间，只能说是匆匆而过。20 世纪末“中国通史陈列”闭展，这件大鼎入库收藏。直到中国国家博物馆改扩建基本完成后，大鼎才重新亮相于 2011 年 3 月开展的“中国古代青铜器艺术”展览。这为我始于 2012 年对大鼎的关注学习提供了观察的便利，于是有了在学习过程中多次带着问题到展厅去观察大鼎的经历。我在这一观察经历中获得一批有关大鼎的铅笔速写，在此基础上以水墨画和水彩画表现形式为大鼎画影。

大鼎体征宏大，分层纹饰繁缛并有特定的寓意，有些细节不易察觉。为此，我决定集中一段时间专门到展厅对大鼎单元纹饰，耳、足局部，不同角度的整体特征作细致观察，并以铅笔速写的表现形式在速写本上记录下来。从 2014 年 6 月 13 日–8 月 8 日，我在认真观察大鼎时，用铅笔速写鼎体四面不同

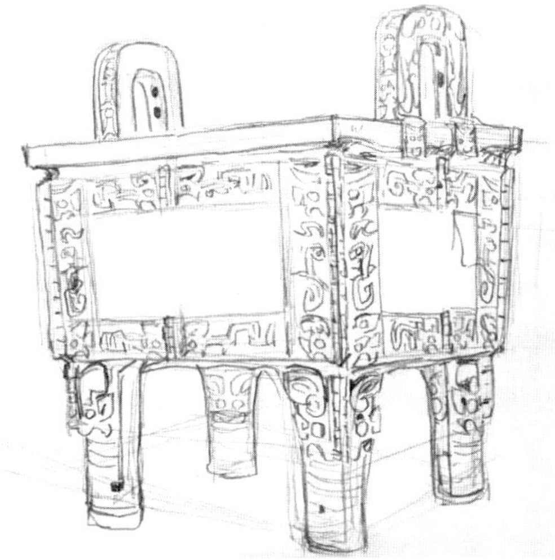

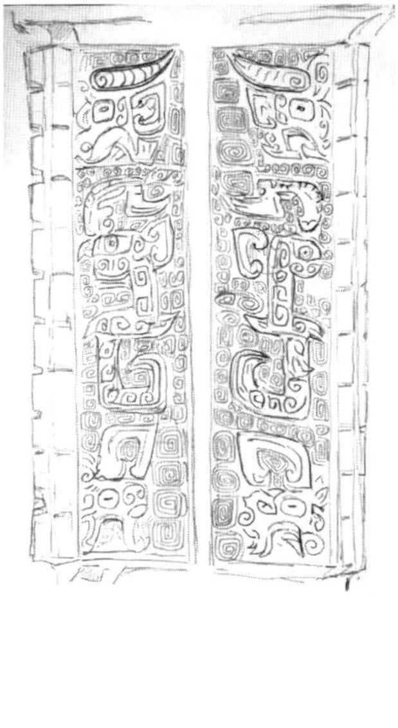

李维明作司母戊鼎　铅笔速写　页面均 20 厘米×29 厘米　速写本　2014 年 6 月 13 日至 8 月 8 日

位置单元纹饰 22 幅，两个鼎耳正侧面 8 幅，四个鼎足不同角度 18 幅，鼎体正侧面不同角度 10 幅。这 58 幅铅笔速写形成一本大鼎铅笔速写集，成为了解大鼎局部细节的参考资料。

夫人李轩看到我对大鼎的专注及所画纹饰与造型的速写材料，建议我用绘画语言表达对大鼎的感受。2014 年 8 月 3 日、6 日，我先后集中两天时间，分别用 12 小时和 8 小时，一气呵成画出两张大鼎的水墨画。虽然造型与表现形式远非臻备，但笔墨之浓淡干湿，皴擦渲染，气势比较连贯，显示出历史的古韵与凝重，基本上表达出当时的感受。尤其是作品两端的较长的题跋，简要传达司母戊鼎出土与流传、文物体征，作者对大鼎的关注以及笔墨表现的缘由等信息。这两件作品也算是当年我送给夫人的生日贺礼，很有意义。

李维明作《司母戊鼎Ⅰ》（水墨画） 70 厘米 ×135 厘米 宣纸 2014 年 8 月 3 日

李维明作《司母戊鼎Ⅱ》（水墨画） 70 厘米 ×100 厘米 宣纸 2014 年 8 月 6 日

2017 年 3 至 4 月，我在将以往对司母戊鼎研究取得阶段性认识结集时，夫人李轩有感于我曾经创作的司母戊鼎水墨画收入《画记：一个考古学者的写生历程》一书中受到读者的好评，建议我用水彩画的形式表现大鼎的色彩特征，为文集加入一幅司母戊鼎水彩画新作。起初我对用水彩画幅及颜料能否表现大鼎的厚重与沧桑没有信心，后在夫人的多次催促下决定试一试。在认真翻阅以往的铅笔速写稿，回忆当时观察的情景，找回当时对大鼎的感受后，4 月 16 日晚开始构图，17 日早晨开始认真起草轮廓，随后以干湿交互并用的方法对画面多次分层着色。作为画面主要表现对象的大鼎，以绿色调表现青铜锈色；背景色选用褐赭色，寓意泥土与熔炼之光；大鼎冷色与背景暖色相互烘托形成冷暖色调对比。整个绘画过程约 10 个小时，所完成水彩画《司母戊鼎》，基本表现出大鼎厚重与沧桑的感觉。

李维明作《司母戊鼎 III》（水彩画） 28.3 厘米 ×35 厘米 打印白纸
2017 年 4 月 17 日

虽然这些作品表现技法依然稚嫩，但由于我数年来对大鼎的关注学习和亲临大鼎现场较长时间观察所获得的真实感受，以此为支撑在笔墨（彩）风格、纹饰细节表现、主要信息题跋等方面还是具有独到的特点，作品因此而有一定的感染力。

后　记

从2012年至2016年，我对司母戊鼎的关注历时四年有余，在此期间尽力搜集相关材料，制作资料卡片3000余张，写作学术文章十余篇，近十万余字。能够将这些阶段性的认识结集出版，为读者较为系统地了解司母戊鼎提供方便，是我的一个心愿。

学术研究依对象与目的不同有微观与宏观之别。所谓微观研究表现为个别、具体和基础，宏观研究则表现为一般、大势和推（理）论。在特定的条件下微观与宏观具有相对性，“小题大做”就是这个意义。司母戊鼎个案研究题目虽小，却涉及商代祭祀、等级、埋葬、称谓，王室控制下的冶铸作坊管理及铸铜生产流程，铜料来源与合金比例，体征结构等不同层面的问题。探究其中，我有置身于小宇宙大乾坤中的感觉，虽倾力而为，但仍有许多问题不得其解。这些未解之谜有待后学继续探索，这就是学术接力。

虽然当下高度发达的科技手段为获取相关信息提供了极大的便利，但传统治学中讲求的青灯残卷耐得冷寂，竭泽而渔般地搜集材料，学无止境的求索等精神与方法至今仍需传承。正是学术前贤视学术为生命的敬畏感、使命感和对社会的责任感，使我感受到求真面临艰难，担当需要勇气，使我能够在学习、求知、探索、矫正、打磨、实践检验的学术征程中恪守学者求真的信念，以一身平淡唯求真知的心态不畏艰险地前行。

感谢夫人李轩对本书提出诸多具有创建性的建议和对我这样一个在求真学途中举步维艰的学者给予的理解和支持。感谢四川人民出版社周颖总编辑、责任编辑吴焕姣，汉唐阳光出版策划人尚红科、编辑李占芾、高正哲对本书出版提供的帮助和付出的劳动。没有他们的支持，难有这本学术专著的问世。

囿于学力有限，谬误在所难免，敬请读者教正。

图书在版编目（CIP）数据

司母戊鼎还有多少待解之谜 / 李维明著. -- 成都 ：
四川人民出版社，2017.8
ISBN 978-7-220-10278-3

Ⅰ. ①司… Ⅱ. ①李… Ⅲ. ①青铜器(考古)－研究－
中国 Ⅳ. ①K876.414

中国版本图书馆CIP数据核字(2017)第173342号

SIMUWUDING HAIYOU DUOSHAO DAIJIEZHIMI
司母戊鼎还有多少待解之谜
李维明/著

责任编辑	吴焕姣
责任校对	韩　华
责任印制	王　俊
出版发行	四川人民出版社（成都槐树街 2 号）
网　　址	http://www.scpph.com
E-mail	scrmcbs@sina.com
新浪微博	@ 四川人民出版社
微信公众号	四川人民出版社
发行部业务电话	（028）86259624　86259453
防盗版举报电话	（028）86259624
印　　刷	鸿博昊天科技有限公司
成品尺寸	140mm × 210mm
印　　张	8
字　　数	180 千
版　　次	2017 年 8 月第 1 版
印　　次	2017 年 8 月第 1 次
书　　号	ISBN 978-7-220-10278-3
定　　价	36.00 元

■ 版权所有 · 侵权必究
本书若出现印装质量问题，请与我社发行部联系调换
电话：（028）86259453